Thorsten Paprotny

Kurze Geschichte der Philosophie der Neuzeit

W0083333

HERDER spektrum

Band 5932

Das Buch

„Cogito ergo sum" – „Ich denke, also bin ich." Mit diesem Satz René Descartes' ist ein neuer Anfang in der Geschichte des abendländischen Denkens formuliert. Was mit Nicolas Cusanus als Entdeckung des Individuums in der Renaissance begonnen hat, findet seinen Weg in den Strömungen des Rationalismus und Empirismus. Das erkennende Subjekt sucht den Ausgangspunkt der Gewissheit, hebt mit dem methodischen Zweifel das Unklare und Verworrene auf und gelangt zu dem denkenden Ich, das nicht bezweifelbar ist. Mit Leibniz betritt das Universalgenie die Bühne des Denkens: Politiker, Forscher und Mathematiker, vor allem aber Metaphysiker und Philosoph, dessen „Theodizee" eine bis heute diskutierte Problematik behandelt – die Frage nach der Güte des allmächtigen Gottes und der Vereinbarkeit dieser mit dem allgegenwärtigen Übel in der Welt. Rationalismus auf der einen Seite, auf der anderen die Skepsis der englischen Empiristen, die sich nicht allein deskriptiv den Problemen der Ethik annehmen wollen, sondern auch in der Naturwissenschaft einen neuen Zugang zu den Phänomenen der Welt suchen. Ein Überblick über die Philosophie und die Philosophen der Renaissance rundet das Bild einer ungemein spannenden Epoche des Denkens und Forschens ab.

Der Autor

Thorsten Paprotny, Dr. phil., lehrt Philosophie an der Universität Hannover. Zahlreiche Veröffentlichungen. Bei Herder Spektrum: Kurze Geschichte der antiken Philosophie (5286), Kurze Geschichte der mittelalterlichen Philosophie (5777), Kurze Geschichte der Philosophie der Aufklärung (5557).

Thorsten Paprotny

Kurze Geschichte der Philosophie der Neuzeit

HERDER

FREIBURG · BASEL · WIEN

Originalausgabe

© Verlag Herder GmbH, Freiburg im Breisgau 2008
Alle Rechte vorbehalten
www.herder.de

Umschlaggestaltung und -konzeption:
R · M · E München/Roland Eschlbeck, Liana Tuchel
Umschlagmotiv: Ptolemäus/Gemälde von Justus von Gent /
© akg-images/Erich Lessing

Satz: Rudolf Kempf, Emmendingen
Herstellung: fgb · freiburger graphische betriebe
www.fgb.de

Gedruckt auf umweltfreundlichem, chlorfrei gebleichtem Papier
Printed in Germany

ISBN 978-3-451-05932-2

Inhalt

I. Renaissance und Humanismus

Renaissance heißt übersetzt „Wiedergeburt". Im 14. Jahrhundert erfolgt eine Neubesinnung auf die hellenische Welt und auf das alte Rom. Für die Philosophie gilt dies indessen nur bedingt. Die Schriften des Aristoteles wurden bereits von den Theologen der Scholastik rezipiert. Neuplatonisches Denken fand schon Eingang in die gelehrten Traktate des Mittelalters. In der Renaissance, deren Zentrum Italien ist, erleben die bildenden Künste und die Literatur eine Blütezeit. Die Sprachen des Altertums finden neuen Widerhall. Die humanistische Orientierung zeigt sich in der Würdigung der Individualität. Der Mensch soll sich nicht länger einfügen müssen in ein dogmatisches, philosophisch-theologisches System. Er entdeckt sein Talent, sich schöpferisch selbst zu entfalten.

Kirchliche Autoritäten werden von vielen Denkern aus christlicher Perspektive kritisiert. Manche Gelehrte, die im Zeitalter der Renaissance wirken, müssen für ihre unkonventionellen Ideen mit dem Leben bezahlen, andere öffentlich widerrufen. Der Wirksamkeit und der Schwungkraft der philosophischen Ansätze tut dies offenbar keinen Abbruch. Es erfolgt eine Abkehr von kirchlichen Autoritäten und eine neue Orientierung, die den Menschen und sein Erkenntnisvermögen in den Mittelpunkt stellt. Das Individuum wird auf neue Weise betrachtet, die Naturwissenschaften erfahren Zuspruch, und revolutionäre Entdeckungen und Theorien im Bereich der Sternenkunde führen allmählich zur Ablösung des geozentrischen Weltbildes. Noch immer verstehen sich die meisten Wissenschaftler, auch die Philosophen unter ihnen, als aufrichtig gläubige Christen. Gleichwohl büßt die Religion langsam ihre Bindungskräfte ein. Die katholische Kirche erscheint als ein totalitäres System, korrupt und selbstherrlich, beherrscht von mächtigen Männern. Auch hier zeichnet sich ein Umbruch ab, bedingt durch die Reformation und den prägenden Einfluss von Martin Luther, Johannes Calvin und Philipp Melanchthon. Diese Epoche kann als ein Zeitalter des Übergangs verstanden werden. Der Weg zur Philosophie der Neuzeit wird beschritten und die letzthin in der Scholastik in sich erstarrte Welt des Geistes allmählich überwunden. Jedoch werden erst im Zeitalter der Aufklärung die alten Fragen von Glaube und Vernunft, von Mensch und Gott, von Erkenntnis, Moral und Metaphysik gänzlich neu bedacht und diskutiert. Hiervon sind die Philosophen im Zeitalter der Renaissance und des Humanismus, mit welchen wir uns zunächst beschäftigen – von Marsilio Ficino bis hin zu Giordano Bruno –, noch weit entfernt. Doch es wird sich zeigen, dass einige scheinbar moderne Fragestellungen, wozu etwa das Problem der Würde des Menschen zählt, hier ihren Ausgang nehmen. Ficino nennt diese Epoche ein „goldenes Zeitalter", in welchem die „fast schon erloschenen freien Künste" neu belebt und von Florenz aus in ganz Italien verbreitet werden.

Marsilio Ficino

Marsilio Ficino wurde am 19. Oktober 1433 in Figline geboren. Mit seinem Namen verbindet sich die Erinnerung an die neu gegründete „Platonische Akademie" in Careggi. Ficino studierte in Florenz, Pisa und Bologna. Neben Latein und Griechisch beschäftigte er sich auch mit Rhetorik und Medizin. Mit der Familie Medici stand er in gutem persönlichen Kontakt. Marsilio Ficino konzentrierte sich auf die Werke von Platon und Plotin, den er als Exegeten Platons anerkannte. Die „pia philosophia", die fromme Philosophie, fasst er als gleichbedeutend mit der „doctrina pietas" auf, der gelehrten Frömmigkeit. Zwischen der Offenbarung Christi und der Schau der Ideen in der platonischen Philosophie sah er keinen Widerspruch. Christus offenbarte, was Platon und Plotin geschaut hatten.

Die „Platonische Akademie", nahe Florenz gelegen, fand in den Medicis Gönner und Mäzene. Marsilio Ficino wurde 1473, auf Betreiben Lorenzo de Medicis, zum Priester geweiht. Zu dieser Zeit beschäftigte er sich mit der Übersetzung der platonischen Dialoge ins Lateinische. Gleichzeitig kommentierte er in seinem Werk „Theologica Platonica" die Schriften Platons.

Christentum und Platonismus bilden bei Ficino eine unverbrüchliche Einheit. Er empfiehlt die „vita contemplativa". Auf dem Weg der Liebe zu den Menschen gelangt die Seele bis hin zu Gott. Durch ein tugendhaftes und gerechtes Leben befreit sie sich vom Körper. Die „Theologica Platonica" verweist auf die empfohlene „philosophische Religion", die durch die ihr eigentümliche Ausrichtung auf die Vernunft religiösen Streit begrenzt oder gar aufhebt: „Wir dürfen nicht glauben, dass die scharfsinnigsten und damit philosophischen Köpfe unter den Menschen jemals durch einen anderen Köder als durch einen philosophischen allmählich zur vollkommenen Religion hingelenkt und hingeführt werden können. Denn scharfsinnige Köpfe vertrauen sich nur der Vernunft an, und wenn sie von einem frommen Philosophen die Religion empfangen, dann erkennen sie eine übergreifende Religion alsbald sehr gern an und finden von dieser aus sehr viel leichter zu jener besseren Art der Religion, die in der Gattung Religion enthalten ist." Zu seiner Zeit sieht Ficino verfeindete Mächte, die die Religion beseitigen wollen, statt sie zu bestärken. Die „Glaubenslosigkeit" der „klugen Köpfe" lässt sich auch nicht durch eine „schlichte Glaubenspredigt" überwinden. Dazu bedarf es „geoffenbarter Wunder". Da diese auszubleiben scheinen, ist eine „philosophische Religion" erforderlich, die die

Einheit und Kontinuität von Endlichem und Unendlichem, von Natur und Geist zeigt.

Marsilio Ficino verknüpft dazu das hierarchische Modell der Welt des Mittelalters mit der platonisch inspirierten Seelenlehre. Die Seele ist das Bindeglied für das Ganze. Ficino kennt fünf Stufen in der Ordnung der Dinge. Auf die höchste Stufe der Natur sind Gott und die Engel gestellt, der Körper befindet sich auf der untersten Stufe und die Seele in der Mitte: „Wenn du von Gott herabsteigst, wirst du die Seele auf der dritten Stufe antreffen, wenn du über den Körper hinaufsteigst." Die Seele verbindet Zeitlichkeit und Ewigkeit. Anders als die Engel, die ihre Stufe nicht verlassen können, ist die Seele in Bewegung. Während sie sich auf das Höhere ausrichtet, wird sie doch immer auch der unteren Sphäre angehören. Die „wahre Verknüpfung der Welt" ist die Seele dadurch, dass sie mit den höheren Wesen übereinstimmen kann, ohne ihre Bindung an das Niedere aufzugeben. Sie strebt in beide Richtungen, während sie aufsteigt, steigt sie auch hinab. Ficino vergleicht die Seele mit dem Sonnenlicht: „Sie tut überhaupt das gleiche wie das Sonnenlicht: Dieses steigt nämlich von der Sonne herab in das Feuer und erfüllt es, ohne dabei die Sonne zu verlassen: Es bleibt immer mit der Sonne verbunden und erfüllt dabei immer auch den Feuerschein. Das Licht erfüllt zwar die Luft, wird aber von schlechter Luft nicht verdorben. In ähnlicher Weise muss die Seele zugleich am Göttlichen hängen und das Sterbliche erfüllen. Während sie am Göttlichen hängt, weil sie mit diesem auf geistige Weise geeint ist, erkennt sie das Göttliche, denn die geistige Vereinung mit dem Göttlichen erzeugt dessen Kenntnis; während sie die Körperwelt ausfüllt, sie von innen heraus bewegend, belebt sie diese. Sie ist also ein Spiegel des Göttlichen, das Leben des Sterblichen und die Verknüpfung von beidem." Die Seele erfüllt alle Teile des Körpers, indem sie auf ihre Weise gänzlich im Körper anwesend ist. Durch ihre unteilbare Kraft, nicht durch die Ausdehnung ihrer Quantität, tritt sie mit dem Körper in Berührung.

Der Begriff der Seele lässt sich mit dem des Hauses vergleichen. Wer von einem Haus spricht, meint zugleich das Ganze des Hauses und alle seine Teile. So wird auch die Seele ganz in einem Körper sein, teilbar und unteilbar, und entsprechend nicht zu lokalisieren. Alles in diesem Körper durchdringt und umfasst sie, einem Punkt vergleichbar, der, von jeder Quantität und Lage unabhängig, das Leben in sich selbst hat: „Sie umgibt daher gleichmäßig jede körperliche Lage, und wenn sie in den Körper eindringt, wird sie nicht auf irgendeinen körperlichen Quantitätspunkt eingeschränkt – eben weil sie nicht der bestimmte Ausgangspunkt einer quantitativen Erstreckung ist. Da sie außerhalb der Gattung der Quantität angesiedelt ist, wird sie nicht nach Maßgabe eines zu berührenden Quantitätspunktes abgegrenzt; sie ist vielmehr wie ein Mittelpunkt in allen Linien und im ganzen Kreis. Daraus ergibt sich, dass sie teilbar und unteilbar ist, und zwar gleichzeitig. Teilbar ist sie, insofern sie auch bei der quantitativen Teilung eines Körpers ihren lebensbewahrenden Schatten mit ausbreitet, indem sie sich den verschiedenen Teilen des Körpers mitteilt; unteilbar ist sie, insofern sie gleichzeitig ihre Gänze und Einfachheit bewahrt. Teilbar ist sie, so möchte ich sagen, weil ihr Schatten auf dem ganzen teilbaren Körper ruht; unteilbar, weil sie auf unteilbare Weise ganz in jedem Teil des Körpers ist. Wiederum unteilbar, weil sie von unzerstörbarer und geeinter Substanz ist; teilbar, weil sie sich wirkend vielfach teilt, insofern sie in Zeit und Bewegung tätig ist. Zum dritten ist sie unteilbar, weil sie zu Höherem emporblickt, das völlig geeint ist – teilbar aber, weil sie zum Niederen sich hinneigt, das auf vielfache Weise zerteilt wird." Die Seele mischt sich mit dem Sterblichen, aber sie wird selbst nicht sterblich. Durch ihre Teilhabe am Göttlichen herrscht sie über den Körper. Vergeht dieser, so bleibt sie doch bestehen. Die Seele nennt Mar-

silio Ficino das „größte Wunder der Natur". Als Trägerin der „Ab-
bilder des Göttlichen" ist sie an Gott gebunden. Zugleich trägt
sie als „Mitte von allem" die „gedanklichen Gründe" und „Urbil-
der der niederen Wesen": „Und weil die Seele selbst die wahre
Verknüpfung von allem ist, verlässt sie nicht das eine, während
sie in anderes übergeht; vielmehr tritt sie in einzelnes über und
bewahrt dabei immer das Gesamte – so dass sie mit Recht der
Mittelpunkt der Natur genannt werden mag, die Mitte von allem,
die Kette, die die Welt zusammenhält, das Antlitz von allem, der
Verknüpfungspunkt und das verknüpfende Band der Welt."

Die „vernünftige Seele" besitzt das Vermögen zur Reflexion.
Im gedankenvollen Betrachten lässt sich die Seele erkennen. Zugleich belebt sie den vergänglichen Körper. Der Körper hat nicht
aus sich selbst heraus, sondern durch das geisterfüllte und be-
wegende Prinzip der Seele Leben. Beseelt sind auch die Lebensformen, die nicht über Erkenntniskräfte verfügen, jedoch von der
seelischen Lebens- und Bewegungskraft erfüllt sind. Die „Quelle des Tätigseins" liegt in der Seele selbst, durch ihre Teilhabe
am Körper. Jede Bewegung verweist zudem auf die erste Bewegung: „Keine Vollkommenheit geht auf nachfolgende Bewegungen über, wenn sie nicht von einer ersten Bewegung ausgeht.
Aus diesem Grund ist die Bewegung in der dritten Wesenheit
die vollkommenste aller Bewegungen. Die vollkommenste Bewegung aber entfernt sich von ihrer Quelle so wenig wie möglich, sie bleibt ihrem Grund so sehr wie nur möglich verbunden;
sie ist einheitlich, gleichförmig und höchstrangig, sie genügt
sich selber, sie bildet eine unüberbietbare Figur nach." Diese Figur ist die kreisförmige Bewegung, die Ficino ewig und gleichförmig nennt, stets wiederkehrend in gleicher Weise, die Anfang
und Ende in sich trägt. Dort, wo sie zu enden scheint, beginnt
sie neu. Die Bewegung kehrt in kreisförmiger Reflexion auf sich
selbst zu sich zurück. Sie bewegt sich ebenso aus sich heraus
wie in sich selbst. Die seelische Bewegung gelangt also stets zu

sich selbst zurück, während sie ihre Kräfte entfaltet, vom Höchsten über das Mittlere zum Niedrigsten. Zugleich bindet sie das Niedrigste über das Mittlere an das Höchste zurück: „Wenn das aber so ist, dann nimmt sie auch sich selber wahr – sich und das, was sie in Besitz nimmt. Wenn sie sich aber wahrnimmt, dann erkennt sie auch mit Sicherheit sich selber. Sie erkennt sich jedoch in einem Akt vernünftigen Begreifens – indem sie sich nämlich ihr geistiges Wesen zu Bewusstsein bringt und damit ihr völliges Losgelöstsein von den Schranken der Materie. Solche Erkenntnis nämlich heißt vernünftiges Begreifen." Erkenntnis identifiziert Ficino mit einem „Akt einer geistigen Vereinigung mit einer geistigen Form". Der Geist begreift die Gegenstände einzig aus „geistiger Kraft". Diese geht aus der Vernunft hervor, verbindet sich mit den „unkörperlichen Versichtbarungsgestalten der sichtbaren Dinge". Der Philosoph schreibt: „Sie begreift sogar das Göttliche, dem sie auf geistige Weise so eng wie möglich anhängen möchte, und darüber hinaus das Körperliche, zu dem sie sich hinneigt von Natur aus. Ich sage: Sie erkennt in diskursiver Weise zeitlich, da sie in ihrer Handlungsweise beweglich ist. Aus all dem ergibt sich folgende Definition der dritten Wesenheit: ‚Leben, das kraft seiner Natur die Körper belebt.' Die dritte Wesenheit erkennt sowohl sich selber als auch Göttliches und Natürliches diskursiv. Wer aber nicht sieht, dass dies auch die Definition der vernünftigen Seele ist, der entbehrt selber der vernünftigen Seele. Darum hat die vernünftige Seele ihren Sitz in der dritten Wesenheit, nimmt sie den mittleren Platz in der Natur ein und verknüpft sie alles zu einem."

Nicht Gott, sondern die Seele gilt Ficino als Mitte der Welt. Sie gleicht aus und vermittelt zwischen der geistigen und der stofflichen Sphäre. Die Seele stellt das „erschütterte Universum" wieder her. In der Kreisbewegung verweist Marsilio Ficino auf den Prozess der Selbsterkenntnis. Dem Geist kommt eine unendliche Kraft zu. Die physikalischen Körper sind begrenzt. Ficino schreibt: „Der Geist aber schweift ohne Grenze umher und ermüdet niemals. Er ist gleichsam prinzipiell in sich selber ohne Grenze: Er begreift nämlich sich selbst." In diesem Reflexionsprozess kehrt der Geist zu sich selbst zurück. Ficino bezeichnet dies als „unendliche Bewegung". Mit dem Erkenntnisprozess geht eine Kontinuität der Reflexion einher, die er als „Sehnsucht nach sich selbst" bezeichnet, welche niemals gänzlich gestillt wird: „Die Geistsubstanz also, die aufgrund ihrer Sehnsucht nach sich selbst einmal damit begonnen hat, sich selber gegenständlich zu werden und sich selber in ihrer Kreisbewegung von allen Seiten anzuschauen, umfasst sich in ähnlicher Weise selbst kraft dieser sie stetig antreibenden Sehnsucht, beständig in ihrem Willen." Die kreisförmige Bewegung des Geistes ist reflexiv, geistig und ewig. Die Möglichkeit von Selbst- und Welterkenntnis wird erweitert durch das auf die Erkenntnisbewegung selbst gerichtete Erkenntnisinteresse: „Denn wer entweder sich selbst oder etwas anderes begreift, kann auch sein Begreifen begreifen, ebenso eine neue Sache und ein neues Begreifen; denn während er eine Sache begreift, gewinnt er auch Einsicht in das Begreifen der Sache. Und: Was er so erkennt, steht seinem Denken offen und ist in ähnlicher Weise ohne Grenze." Begleitet wird dieses vernunftorientierte Streben vom Willen. Marsilio Ficino schreibt, dass der Wille durch ein bewusstes, zielgerichtetes Wollen gekennzeichnet sei. Grundlage des Willens ist das grenzenlose Vernunftstreben des Geistes, das die zeitliche Grenze aufheben kann, sich durch Reflexion in die Vergangenheit begibt und auf die Zukunft ausgerichtet ist. Der Geist durchdringt das Seiende, das Gewesene und das Kommende, ersinnt Möglichkeiten, erdenkt vieles, was niemals wirklich wird. Begrenzt wird das Streben des Geistes nur durch den Schluss auf den unendlichen Geist, also auf Gott. Zuvor beschreibt Ficino den Weg des erkennenden Geistes auf folgende Weise: „Der Geist erschafft sogar das Antlitz der Dinge immer wieder neu aus eigener Kraft und in bestimmter Ordnung, und wieder andere erfindet er aufs Neue. Wenn er Schritt für Schritt aufsteigt durch die Sphären der Welt, betrachtet er dann nicht auch Schritt für Schritt die Engel, und zwar so, dass er sieht, wie ein jeder höher steht als ein anderer, aber niemals einen findet, der so hoch steht, dass er nicht einen anderen entdecken könnte, der wenigstens eine Stufe, oder einen nächsten, der nicht wiederum eine weitere Stufe höher steht?" Schlösse er nicht auf das Unendliche oder den Unendlichen, so fände sein Geist keine Ruhestätte. Dies zeigt das herausragende Vermögen des Geistes, der eine „unendliche" und hymnisch gefeierte „wunderbare Kraft" ist, bezogen auf das Vorstellen und Erkennen. So erfasst der Geist auch die „allgemeinen Verstandesgründe der Dinge." Er vermag Allgemeinbegriffe zu bilden, vom Allgemeinen auf das Besondere zu schließen, die Ordnung der Natur zu begreifen und anschaulich darzustellen. Die „unbegrenzte Kraft des Geistes" zeigt sich auch in ihrem definitorischen Vermögen. Der Geist kann die Unendlichkeit entdecken und bestimmen. Dass der Geist selbst unendlich ist, sieht Ficino auch in der Disproportionalität von Endlichem und Unendlichem begründet. Der Geist kann von der Betrachtung des Nichtseins zum Sein übergehen und überwindet damit diese Kluft: „Was nun einen unermesslichen Abstand durchläuft, muss selber von unermesslicher Kraft sein."

Bedürfnisse und Triebe werden befriedigt, aber das Streben nach Wissen bleibt unerschöpflich, die „geistige Sehnsucht" ungestillt. Wer Göttliches erstrebt, so sagt Ficino, wird sich mit dem Begreifen des Endlichen kaum zufrieden geben: „Folglich kommt der Geist niemals zur Ruhe, bevor er nicht den unendlichen Gott erfasst, der die unendliche Möglichkeit des Geistes erfüllt, die von Gott selbst stammt." Die Stufen der Erkenntnis des Endlichen beflügeln den Geist immer wieder neu. Er „entbrennt in seiner Glut" und strebt rastlos, erkenntnishungrig zu Gott hin. Der Geist findet seine Bindung an Gott. Die „Unendlichkeit Gottes" flößt den Seelen eine „geist-lebendige Unendlichkeit" ein, die sie erhält und vom „unendlichen Anfang" an das „unendliche Ziel" zurückruft. Die „absolute Unendlichkeit" ergießt sich in die Seelen. Marsilio Ficino formuliert die Summe seiner Philosophie wie folgt: „Wer also wird so unverständig sein, anzunehmen, dem Geist sei in seiner Dauer eine Grenze gesetzt, da er eine solche Grenze doch weder in seinem so sehr erweiterten Vermögen noch im Vollzug seines Denkens hat – als könnte er außerhalb seiner selbst auf eine Grenze stoßen, die er nicht einmal in sich selber findet! Wenn das Leben, seinem Ursprung nach, der Vernunfteinsicht vorausgeht und die Vernunfteinsicht, ihrer Wertigkeit nach, das Leben übertrifft, und wenn die menschliche Seele mit so großer Würde gekrönt ist, dass ihr eine unendliche Kraft der Vernunft und des Willens zugestanden wurde – um so eher und um so mehr wird ihr eine unendliche Lebenskraft zugestanden sein müssen!"

Dieser Optimismus hat Marsilio Ficino getragen. Seine Zeitgenossen waren empfänglich für den Enthusiasmus seines Denkens. Die Verwandtschaft des menschlichen Geistes zu Gott wird in seiner neuplatonisch getönten Philosophie intellektuell begreiflich wie nie zuvor. Die Metaphysik erhält abseits der scholastischen Gelehrsamkeit belebende Impulse durch seine „Theologica Platonica". In der Blütezeit der Renaissance, am 1. Oktober 1499, starb mit Marsilio Ficino einer ihrer größten geistigen Impulsgeber im Alter von 65 Jahren in Careggi nahe Florenz.

Giovanni Pico della Mirandola

Am 24. Februar 1463 wurde Giovanni Pico geboren. Der Sohn des Grafen von Mirandola absolvierte den für seinen Stand üblichen Bildungsweg. Er lernte die klassischen Sprachen und beschäftigte sich mit der Geschichte des Altertums. Seine Mutter bestimmte ihn für die kirchliche Laufbahn. Er sollte Priester werden. Bereits im Alter von 14 Jahren wurde er zum Notar der päpstlichen Kanzlei ernannt. Dieses Amt konnte er zwar bekleiden, aber faktisch nicht ausüben. Die hierfür benötigten Kenntnisse eignete sich der junge Mann nach und nach an. Für den Stand des Geistlichen fand er sich ungeeignet. An der Universität von Bologna studierte er Kirchenrecht. 1479 wechselte er nach Ferrara. Die Jahre 1480 bis 1482 verbrachte Giovanni Pico della Mirandola in Padua, wo er sich vornehmlich mit mittelalterlicher Philosophie beschäftigte. Jahre später lernte er Hebräisch und Arabisch. Mit Marsilio Ficino pflegte er Kontakt. Er versuchte, die scholastische Theologie zu rehabilitieren. 1486 legte der Denker 900 Thesen vor, die „Conclusiones philosophicae, cabalisticae et theologicae", in welchen er das gesamte System der Philosophie von Platon über die Spätantike bis hin zur Scholastik darstellte. Er fügte Fragmente bekannter Philosophen und Theologen, ebenso den Gehalt von Schriften, deren Autorschaft ungewiss war, zu einem Gedankengebäude zusammen, das sowohl dem platonisch geprägten Verständnis des Christentums, wie es Marsilio Ficino lehrte, als auch der scholastischen Tradition gerecht werden sollte. Die Thesen schlug er an Häusern auf öffentlichen Plätzen an. Erörtert wurden sie nicht. Pico hatte zahlreiche Neider, auch unter Klerikern. Der Vorwurf der Ketzerei folgte alsbald. Der junge Denker verfasste eine Rechtfertigung seiner gewagten Thesen, die von Papst Alexander VI. gebilligt wurde. Das gesamte Buch allerdings, das aus einem Konvolut zum Teil höchst verwunderlicher Geheimlehren bestand, geriet unter Verschluss. Pico zeigte sich einsichtig. Fortan widmete er sich ausgiebig dem Studium der Heiligen Schrift. Giovanni Pico della Mirandola wurde zu einem frommen Menschen: „Wenn wir immer den schmerzhaften Tod Christi, den er aus Liebe für uns erlitt, vor Augen hätten und wenn wir immer wieder an unseren Tod dächten, würden wir uns vor der Sünde wohl in Acht nehmen."

Berühmt geworden ist er durch seine 1486 verfasste kurze Abhandlung „Über die Würde des Menschen". Die vorhandenen Ansätze zur Darstellung einer philosophischen Lehre vom Menschen erklärte er für unzulänglich. Nichts sei, so zitiert Pico den arabischen Denker Abdalas, bewunderungswürdiger als der Mensch. Was zeichnet den Menschen aus, das ihn so herausragend erscheinen lässt? Pico zählt etliche „hohe Eigenschaften" auf: „So zum Beispiel die Meinung, der Mensch sei ein Bote und Vermittler zwischen den Geschöpfen; er sei ein Freund der Götter; er sei der König der niederen Sinne durch die klare Erforschung seiner Vernunft und durch das Licht seines Verstandes; er sei der Dolmetscher der Natur, er sei ein Ruhepunkt zwischen der bleibenden Ewigkeit und der fließenden Zeit, oder er sei nach Aussagen der Perser das Band, das die Welt zusammenhält, er sei sogar das Hochzeitslied der Welt, er stehe schließlich nach dem Zeugnisse Davids nur wenig unter den Engeln." Doch all diese Bestimmungen scheinen das Wesen des Menschen, seine besondere Würde, noch nicht in bester Weise zu treffen, ja sogar das, was ihn eigentlich auszeichnet, zu verfehlen. Pico sieht den Menschen als Vollendung der Schöpfung. Gott vergleicht er mit einem „Baumeister" und „höchsten Künstler". Dem Menschen weist er keinen festen Platz zu, von dem er sich nicht lösen könnte. Er ist mit einem „eigenen freien Willen" ausgestattet, der nicht durch „vorgeschriebene Gesetze" reglementiert wird. Auch sind dem Menschen „unüberwindliche Schranken" gesetzt. Der Mensch befindet sich in der „Mitte der Welt", weder ist er himmlisch noch irdisch, weder sterblich noch unsterblich. Er kann in die „Unterwelt des Viehes" entarten oder sich durch den „Entschluss des eigenen Geistes" zum Himmlischen erheben. Im Bann der Sinnlichkeit wird er stumpf, auf den Schwingen des Geistes steigt er empor. Der Mensch verdankt Gott die Gabe, sich die Form seines Lebens selbst geben zu können. So bezeichnet er den Menschen enthusiastisch als „Gott mit menschlichem Fleische". Die Seele soll ein „heiliger Ehrgeiz" erfüllen, dem Höchsten gilt es zu folgen, das Beste zu erstreben: „Das Irdische müssen wir verschmähen und auch die Sphären des nur Himmlischen verachten, und nachdem wir alles, was noch von dieser Welt ist, hinter uns gelassen haben, wollen wir jenem außerweltlichen Palaste zueilen, welcher der erhabenen Gottheit am nächsten ist." Als Vorbild wählt Pico die Throne, die Seraphim und die Cherubim, entsprechend den „heiligen Mysterien". Die Orientierung an ihnen hilft bei der Meisterung des Lebens. Der Seraph brennt einzig vom „Feuer der Liebe", der Cherub erstrahlt vom „Glanz der Weisheit", und der Thron steht beharrlich in der „Festigkeit des Urteils". Das „Fleisch" hindert den Menschen zunächst am Erreichen dieser Ziele. Empfohlen werden eine Reinigung der Seele, eine moralische Festigung, eine Bändigung der zügellosen Leidenschaften und eine Mäßigung der „unklugen Vernunft". Der Mensch, der seine Seele geordnet hat, der vom „Lichte der natürlichen Philosophie" erleuchtet ist, wird die „Erkenntnis der göttlichen Dinge" erstreben. Pico illustriert mit dem Gleichnis der Jakobsleiter den Weg, den die Menschen bei der Vervollkommnung ihrer selbst nehmen sollen. Diese Leiter reicht von der Erde bis zum Himmel. Oben, am Ende der Leiter, thront Gott selbst. Die Engel steigen die Leiter auf und ab. Aber man soll sie sich nicht zum Vorbild nehmen, denn ein Mensch würde dann die Jakobsleiter mit „schmutzigem Fuß" und „unsauberen Händen" besteigen, mit den Spuren des Sündhaften befleckt, dem er doch entfliehen möchte. Es sei frevelhaft, die Leiter mit Unreinem zu berühren. Der Fuß ist der Materie verbunden und vom „Zunder der Begierde" bestimmt, die die gottferne „Lehrmeisterin des Lasters und der Wolllust" ist. Die Hände nennt Pico die „Vorkämpfer des Verlangens". Der sinnliche Teil der Seele muss zunächst gereinigt werden. Die Moral hilft, ebenso die Kunst der Rhetorik und Dialektik. Die Philosophie besänftigt das aufgewühlte Gemüt. Der Mensch wünscht sich doch die „Sicherheit eines ständigen Friedens". Die „wahre Ruhe" kann allein die Theologie verschaffen. Moral und Dialektik befreien von der Verderbtheit, die Philosophie schmückt die Seele, aber erst dann, „wenn sie den Fries des Portales mit theologischen Blumengewinden bekränzt hat, dann möge der König der Glorie herabsteigen, er möge mit dem Vater kommen und bei ihr Wohnung halten". Die Theologie erst öffnet und belebt uns, so dass wir die „grenzenlose Ewigkeit" ermessen können: „Schließlich von unaussprechlicher Liebe wie von einer Glut durchdrungen, geraten wir wie entflammte Seraphim ganz außer uns, und der Gottheit voll sind wir nicht mehr wir selbst, sondern wir werden der sein, der uns geschaffen hat." Die Vollendung des Menschen entdeckt Pico in dessen Vergöttlichung, die freilich nur in vollem Sinne Wirklichkeit werden kann, wenn der Mensch in der Überwindung seiner selbst sein wahres Ich entfaltet, welches ihn über alles Triebhafte, das er in sich trägt, hinaushebt, bis er gänzlich „in Gott entrückt" ist. Giovanni Pico della Mirandola fügt mit einer spielerischen Leichtigkeit zusammen, was für das Auge des Betrachters disparat erscheint, wenn in fugenlosen Übergängen Platonismus und Neuplatonismus mit Gedanken aus dem Buch Hiob des Alten Testaments verknüpft werden und pythagoräisches Denken, griechische Mythologie, bacchantische Mysterien und christliche Religiosität ineinander übergehen – und Origines in gleicher Weise wie Zoroaster gewürdigt wird.

Nachdrücklich plädiert Pico für das Studium der Philosophie, das in schlechtem Ansehen stehe, in der römischen Kurie wie unter vielen Theologen an zahlreichen Universitäten seiner Zeit. Weder Thomas von Aquin noch Johannes Scotus Eriugena nennt er seine Lehrmeister. Er bekennt sich gleichsam universalistisch zu jeder Art von Philosophie, der für sich genommen die Wahrheit innewohnt: „Ich hingegen habe mich selbst dahin belehrt, dass ich nicht auf die Worte eines einzigen schwöre, sondern dass ich mich auf alle Lehrer der Philosophie stütze, dass ich alle Schriften genau durchsuche, dass ich alle Schulen anerkenne."

Giovanni Pico della Mirandolas Werk wurde von einer päpstlichen Kommission verurteilt. Seine Ansicht, dass sich die Teilhabe von unterschiedlichen Philosophen und Religionen an der universellen Wahrheit zeigen lasse, wurde missbilligt. Wissenschaftlich erscheint Picos Ansatz diskussions-, aber auch in hohem Maße fragwürdig. 1487 verließ er Italien und begab sich ins französische Exil. Lorenzo de Medici sorgte persönlich für freies Geleit. Pico della Mirandola kehrte nach Florenz zurück. Dort verbrachte der Gelehrte die letzten Jahre seines Lebens und starb früh, mit 31 Jahren, am 17. November 1494.

Niccolò Machiavelli

Am 3. Mai 1469 erblickte Niccolò Machiavelli in Florenz das Licht der Welt. Sein Vater war Jurist, hoch angesehen, aber politisch ohne Einfluss. Etwa im Jahr 1492 trat Machiavelli in die Staatskanzlei ein, gefördert von seinem in Florenz wirkungsmächtigen Lehrer Marcello Virginio Adriani.

Am 19. Juni 1498 erfolgte die Ernennung Machiavellis zum Sekretär der zweiten Florentiner Staatskanzlei. Diplomatische Missionen führten ihn in verschiedene Städte Italiens und nach Frankreich. 1502 heiratete er Marietta di Ludovico Corsini und blieb ihr treu bis in den Tod. Nach zahlreichen Reisen wurde Machiavelli im Jahr 1513 fälschlicherweise beschuldigt, Mitglied einer Verschwörung gegen die Familie Medici zu sein. Dank des Kardinals Giulio de Medici erlangte er, nach schwerer Folter, die Freiheit und zog sich auf sein Landgut bei Florenz zurück. In dieser Zeit verfasste er „Der Fürst" und wenig später die „Discorsi", seine bedeutendsten Schriften zur politischen Theorie und Philosophie.

Ein skeptisches, pessimistisches Menschenbild prägt Machiavellis Abhandlungen durchgängig: „Denn von den Menschen lässt sich im Allgemeinen soviel sagen, dass sie undankbar, wankelmütig und heuchlerisch sind, voll Angst vor Gefahr, voll Gier nach Gewinn … Denn das Band der Liebe ist die Dankbarkeit, und da die Menschen schlecht sind, zerreißen sie es bei jeder Gelegenheit um ihres eigenen Vorteils willen." Machiavelli denkt über die Ursachen des Glücks und Unglücks der Menschen nach. Viele von ihnen handeln ungestüm und unüberlegt, andere zögerlich und vorsichtig. Wer maßvolles und zweckorientiertes Tun versäumt, gerät ab vom „rechten Weg", agiert erfolglos und scheitert. Machiavelli hält das Individuum für charakterlich festgelegt. Niemand vermag gegen seine Natur zu handeln. In diesem Sinne schreibt Machiavelli: „Zwei Dinge sind die Ursache, dass wir uns nicht ändern können. Erstens können wir uns nicht dem widersetzen, wozu sich unsere Natur hinneigt. Zweitens ist es unmöglich, einen Menschen, dem durch eine Art zu verfahren viel geglückt ist, zu überzeugen, er könne gut daran tun, anders zu verfahren. Daher kommt es, dass das Glück eines Mannes wechselt; denn die Zeiten wechseln, er aber wechselt nicht sein Verfahren." Im Gegensatz zum Optimismus zahlreicher Philosophen der Renaissance orientiert sich Machiavelli an einem nüchternen Realismus. Er berücksichtigt die Triebbestimmtheit des Menschen. Die animalische Seite wird weder ignoriert noch unterschätzt. Auch glaubt er nicht an deren Überwindung in eine neue Geistigkeit. Machiavelli konstatiert eine bestehende Kluft zwischen Sein und Sollen. Er empfiehlt, auf das zu achten, was geschieht, nicht auf das, was idealerweise geschehen sollte. Wer die Wirklichkeit verkennt, ruiniert seine Existenz. Dies gilt insbesondere für den Herrscher: „Ein Mensch, der immer nur das Gute möchte, wird zwangsläufig zugrunde gehen inmitten von so vielen Menschen, die nicht gut sind. Daher muss sich ein Herrscher, wenn er sich behaupten will, zu der Fähigkeit erziehen, nicht allein nach moralischen Gesetzen zu handeln sowie von diesen Gebrauch oder nicht Gebrauch machen zu lassen, je nachdem es die Notwendigkeit erfordert." Moralische Tadellosigkeit gilt nicht zwingend als ein rühmenswertes Merkmal des Herrschers. Zuweilen dienen eher Laster als Tugenden dem Erhalt der Macht. Einzig vor dem, was seine Position gefährdet, soll sich der Herrscher hüten. Gleichwohl empfiehlt es sich, als milde zu gelten, aber auch von der Milde keinen schlechten Gebrauch zu machen, das heißt also, sich jenen Menschen gegenüber nicht milde zu zeigen, welche dies ihrer Verderbtheit wegen nicht verdienen. Ein Herrscher, der sich in Güte und Humanität auszeichnet, büßt seine Macht ein, wird ausgenutzt. Das Gemeinwesen, das einen gutmütigen Herrscher hat, versinkt im Bürgerkrieg. Darum hält Machiavelli ein gewisses Maß an Grausamkeit zur Stabilisierung der staatlichen Ordnung für geboten: „Ein Herrscher darf sich also um den Vorwurf der Grausamkeit nicht kümmern, wenn er dadurch seine Untertanen in Einigkeit und Ergebenheit halten kann. Statuiert er nämlich einige wenige abschreckende Beispiele, so ist er barmherziger als diejenigen, die infolge allzu großer Milde Unordnung einreißen lassen, aus der Mord und Plünderei entstehen. Diese treffen gewöhnlich die Allgemeinheit; Exekutionen, die vom Herrscher ausgehen, treffen nur einzelne."

Aufrichtigkeit und Verschlagenheit müssen in einem ausgewogenen Verhältnis zueinander stehen. Ein Herrscher bedient sich des Rechts, aber auch der Gewalt, wenn es nicht hinreicht, auf der Geltung des Rechtsanspruchs zu beharren. Er muss, wie die Antike lehrt, beide Naturen in sich vereinen, die Art des Menschen wie das Animalische, in gleicher Weise die Ausrichtung auf Recht und Gesetz wie auf die bezwingende Gewalt. Nur beides auf beste Weise verknüpft kann den Bestand der Herrschaft dauerhaft garantieren: „Wenn sich also ein Herrscher gut darauf verstehen muss, die Natur des Tieres anzunehmen, soll er sich den Fuchs und den Löwen wählen; denn der Löwe ist wehrlos gegen Schlingen, der Fuchs ist wehrlos gegen Wölfe. Man muss also Fuchs sein, um die Schlingen zu wittern, und Löwe, um die Wölfe zu schrecken. Wer nur Löwe sein will, versteht seine Sache schlecht. Ein kluger Machthaber kann und darf daher sein Wort nicht halten, wenn ihm dies zum Schaden gereichen würde und wenn die Gründe weggefallen sind, die ihn zu seinem Versprechen veranlasst haben. Wären die Menschen alle gut, so wäre dieser Vorschlag nicht gut; da sie aber schlecht sind und das gegebene Wort auch nicht halten würden, hast auch du keinen Anlass, es ihnen gegenüber zu halten." Die „schwache Seite der Menschen" zu kennen, heißt nicht, beständig mit Hilfe von Treulosigkeit und Wortbruch zu operieren, doch Beteuerungen und Versprechungen, zur richtigen Zeit effektvoll eingesetzt, illustrieren die Führungsqualitäten, die ein Herrscher besitzen muss, um für das Wohl seiner Heimat zu wirken, das ihm stets wichtiger sein soll als das Heil seiner Seele. In den „Discorsi" schreibt Machiavelli: „Wo es um das Wohl und Wehe des Vaterlandes geht, darf man nicht überlegen, ob es recht oder unrecht, mild oder grausam, löblich oder schändlich ist. Man muss vielmehr jede Rücksicht beiseite lassen und darf nur Maßnahmen ergreifen, die ihm Leben und Freiheit retten."

Den Anschein des Guten – Milde, Treue, Redlichkeit, Menschlichkeit und Gottesfurcht – gilt es jederzeit zu wahren, damit die Bürger des Staates den Herrscher für würdig, tüchtig und augenscheinlich tugendhaft halten. Die Masse beurteilt stets, was sie sieht, und erkennt nicht, was sich hinter der Maske verbirgt. Das Handeln des Herrschers muss am „Enderfolg" und nicht an überhöhten Idealen ausgerichtet sein: „Ein Herrscher braucht also nur zu siegen und seine Herrschaft zu behaupten, so werden die Mittel dazu stets für ehrenvoll angesehen und von jedem gelobt. Denn der Pöbel hält sich immer an den Schein und den Erfolg; und in der Welt gibt es nur Pöbel. Die wenigen zählen nicht gegen die Masse, wenn diese am Staat einen Rückhalt hat. Ein Fürst unserer Zeit, den man besser nicht nennt, führt nur die Worte ‚Friede' und ‚Treue' im Munde und ist in Wirklichkeit deren größter Feind. Beide hätten ihn des Öfteren Ansehen und Herrschaft gekostet, wenn er an ihnen festgehalten hätte."

1519 erhielt Machiavelli den Auftrag, eine neue Verfassung für die Republik von Florenz auszuarbeiten. Er plädierte für die Errichtung einer konstitutionellen Monarchie. Weiterhin publizierte er Prosastücke und Dichtungen und verfasste durchaus erfolgreiche Lustspiele nach antiken Vorbildern. Außerdem schrieb er das umfangreiche historische Werk „Geschichte von Florenz". Am 22. Juni 1527 starb Machiavelli im Alter von 58 Jahren in Florenz.

Carolus Bovillus

An der geistesgeschichtlichen Wegscheide zwischen der mittelalterlichen Philosophie und der Renaissance befindet sich auch das Werk des Carolus Bovillus. Er wurde etwa 1470 in Saint-Quentin geboren. Von 1495 an studierte er bei Faber Stapulensis am Collège du Cardinal Lemoine in Paris. Dort sammelte Bovillus mannigfaltige philosophische Eindrücke. Er wurde mit dem Aristotelismus wie Platonismus seiner Zeit vertraut gemacht. 1498/99 schloss Carolus Bovillus sein Studium mit dem Magisterexamen ab. Er begann im Jahr 1500 zu unterrichten. Nebenher publizierte er zahlreiche Abhandlungen in vielen Wissensbereichen. So konzipierte er ein Handbuch der Geometrie und beschäftigte sich eingehend mit Grammatik. In kurzer Abfolge erschienen Bände zur Mathematik, Mystik, Linguistik, Philosophie und Theologie. Carolus Bovillus ging zwischen 1503 und 1512 auf Reisen. Er besuchte die Schweiz, die Niederlande, Deutschland und Spanien. Sein Schrifttum wurde 1512 verurteilt und aus dem Universitätsleben verbannt. Carolus Bovillus hegte aufklärerische Gedanken, die der gängigen Lehrmeinung zuwiderliefen. Er zog sich 1512 nach Noyon zurück und wurde an der dortigen Kathedrale Domherr.

Aristotelisch geprägt, versucht Carolus Bovillus, die inspirierenden, beflügelnden Einsichten von Nikolaus von Kues zu integrieren. Den Menschen begreift er als den Vermittlungspunkt von „Subjekt" und „Objekt". Er versucht, Geist und Natur zu verbinden. Sein philosophisches Streben richtet sich gänzlich auf den Menschen, der von „sapientia", also von Weisheit erfüllt ist. Damit gelangt er zu dem höchsten Begriff des Menschseins in der Renaissance: Der Mensch – das ist der Weise.

Bovillus fasst den Menschen als vernunftbegabtes Lebewesen auf, das mit allen Sinnen die Welt erkundet und begreifen möchte. Von ihrer Natur her, von ihrem geistigen Vermögen aus betrachtet, sind die Menschen einander ähnlich. Allein jene Menschen, die „verstandesregiert" die Welt durchstreifen, werden „wahre und vollkommene Menschen" genannt. Darum wendet sich Bovillus gegen die „Ehrsucht" und gegen die „fleischliche Begierde". Beide Bestrebungen wühlen das Gemüt auf, verwunden die Seele mit „giftgetränkten Pfeilspitzen" und versetzen den Geist in eine bedenkliche Unruhe. Die „Schandflecken der Seele" nennt er Hochmut, Zorn und Neid, die Resultate des Geltungsstrebens sind. Die Fleischeslust führt zu „Verschwendungssucht, Gaumenlust und Trägheit". Ein Mensch, der sich dieser niedrigen Beweggründe nicht widersetzt, muss sich zudem als tief unglücklich empfinden. Er sinkt „unter die Stufe der Menschlichkeit". Carolus Bovillus schildert plastisch und anschaulich die Versuchungen, die dem Menschen letzthin seiner Bestimmung als Vernunftwesen im Wege stehen, von der Habgier bis zu allen Formen der Zucht- und Zügellosigkeit. Die Empfehlung, die er ausspricht, lässt sich als Wiederaufnahme aristotelischer, aber auch stoischer Philosophie begreifen. Bovillus ermahnt den Menschen, ein maßvolles Leben zu führen: „Wer sich aber von den Extremen fernhält, wer fest auf dem Mittelweg die Waagschalen im Gleichgewicht hält und sich auf der Stufe des Menschen niederlässt, der wird zu Recht und wahrhaftig ‚ein Mensch‘ genannt, wird für besonnen, rechtschaffen, für weise, glücklich und selig gehalten." Die Übel, welcher sich ein Mensch erwehren muss, kommen also aus ihm selbst. Sich selbst zu zähmen, die Begierden zu beherrschen, die Leidenschaften zu dämpfen und sich nicht beliebig der Habsucht hinzugeben, dazu rät Carolus Bovillus nachdrücklich. Die „Verschwendungssucht" und die „zügellose Begierde" führen den Menschen in das „Gehege der geistlosen Tiere", die einzig um das „Vergießen ihres Samens" bemüht sind. In Bezug auf die ausschweifende Geschlechtlichkeit wird der Mensch nach Bovillus also tierisch, in Hinsicht auf seine „Gaumenlust" einer Pflanze gleich, die von nichts anderem bestimmt ist, als Nahrung aufzunehmen. Letztlich kann der Mensch sogar noch „toten Steinen" ähnlich werden, wenn ihn Trägheit überkommt und er durch „ständigen Schlaf" vor jeder Tätigkeit zurückschreckt, selbstgefällig und reglos dahinlebt, als hätte er von „Mutter Natur" ein „bloßes Dasein ohne Wirksamkeit" verliehen bekommen. Demgegenüber stellt Carolus Bovillus den Menschen, der sich lobenswert verhält, seine Begabungen entfaltet und ein vorbildliches Leben führt: „Wer aber auf der höchsten Stufe steht, der ist der wahre und bemühte Mensch, welcher der Stufe des natürlichen Menschen entspricht, der also Mensch in einem doppelten Sinne ist: kraft Tugend und kraft Natur. Diejenigen jedoch, die auf der untersten Stufe stehen, sind wohl von Natur und Substanz her Mensch, aber sie sind keine Menschen, insofern sie der Tugend entbehren. Die fleischlichen Lockungen stürzen sie vom Thron der menschlichen Würde kopfüber hinab und lassen die ersten den Tieren, die mittleren den Pflanzen, die letzten den unbewegten Steinen entsprechen, ähneln und gleichen."

Carolus Bovillus begreift den Menschen, freilich nur den Weisen, als einen Spiegel des Universums, und beschreibt die Sonderstellung des Menschen innerhalb der Natur. Herausragendes Merkmal seines Daseins ist die Nachahmung der Natur. Er vermag sich zu öffnen, sich mit der „Natur der Dinge" zu verbinden. Anders als die tierischen Lebensformen, als Pflanzen und die Welt der Minerale hat er keine begrenzte Natur. Der Mensch ist konstitutiv erweiterungsfähig. Kraft seines Geistes kann er sich Wissen aneignen. Es gelingt ihm, die Ordnung der Natur zu verstehen und sich denkend im Kosmos zu orientieren. Der philosophische Enthusiasmus der Renaissance kommt schier idealtypisch zum Ausdruck, wenn Bovillus schreibt: „Der Mensch ist der Zusammenlauf, die Vereinigung von allem und die Öffnung für alles. Wollte man die Natur des Menschen begrenzen und umgreifen – schau, was alles im Himmel ist, was in den Elementen und was in der ganzen Welt." Die „Auflösung jeglichen Dunkels anfänglichen Nichtwissens" bringt ihn zur höchsten Bestimmung, zum Aufstieg, zur Weisheit. Bemerkenswert erscheint weiterhin die Konzentration des Denkers auf die natürliche Geisteskraft, ja auf die Prägung und Formung des Menschen durch die Natur, dem ausdrücklich nicht von Gott, sondern von „Mutter Natur" die Aufgabe verliehen ist, denkend die Welt zu umkreisen. Auf dem Weg der Erkenntnis erwächst seine eigene und eigentliche Gestalt, und er gelangt zum „Gipfel des Menschseins". So entsteht aus der Substanz des Menschen der vernünftige, vollkommene Mensch. Vielschichtigkeit und Vielseitigkeit zeichnen den Menschen aus. Er steht in der Mitte der Welt, nimmt die Ordnung des Universums mittels seiner Erkenntniskräfte auf und spiegelt sie. Diese besondere Aufgabe kommt ihm als geistvolles, vernunftbegabtes Lebewesen zu. Der Mensch steht in Distanz zu den Gegenständen, die sich ihm darbieten. Bovillus schreibt: „An welche Stelle auch immer du jegliches Seiende in der Welt rückst: den Menschen musst du dem Seienden gegenüberstellen, du musst ihn in dieses Gegenüber zurücknehmen, damit er der Spiegel des Universums sein kann. Denn die Natur des Menschen ist ebenso beschaffen wie die des Spiegels. Des Spiegels Natur ist aber, außerhalb von allem aufgestellt, allem zugewandt und allem gegenüber zu sein, so dass von ihm nichts zurückbehalten wird und kein natürliches Bild ihn selber verfärben kann." Der Mensch befindet sich in einem deutlichen Abstand zu den Gegenständen, wie ein Spiegel, „dort, wo alle anderen Dinge nicht sind, dort, wo nichts wirklich ist, dort, wo alles außen bleibt", zugleich aber auch dort, „wo alles zum Werden bestimmt ist". Der Mensch ist somit zum Gegenüber der Natur bestimmt, „roh am Anfang" wie die Erde wirklich, wird er zum „Spiegel des Firmaments", zum Abbild der Strahlen, die „in herrlicher Höhe am Himmel funkeln". Was am Firmament sei, so schreibt Carolus Bovillus, könne auch auf der Erde wirklich werden. Die „vorzügliche Darstellungsgestalt des Menschen" werde, auf beste Weise, zum Ausdruck der Weisheit. Als „Abbild von allem" ist er das „Maß von allem", auch die „Vermöglichung zu allem". Die „Sterne des Himmels", die Atome, der Mensch und seine Weisheit, all dies beruht und orientiert sich an demselben Maß. Wer dieses Maß erkennt, begründet das „Selbstbewusstsein" und auch die „Wissenschaft vom All": „Wie nämlich die Versichtbarungsgestalt des Menschen und des Universums ein und dieselbe ist – denn was dem Menschen zukommt, kommt allem zu, und was allem zukommt, kommt auch dem Menschen zu –, so ist auch die Wissenschaft von beiden ein und dieselbe; in beiden liegt eine identische Bedeutung, auf beide erstreckt sich ein und dasselbe Bewusstsein." Der Mensch, als „Mitte der Welt" verstanden, ist die „höchste und vornehmste Kreatur" in der wahrnehmbaren Sphäre, von Gott geschaffen, weil dem Universum ein „anschauendes Auge" fehlte, „ein Auge, welches vom starken, unendlichen Leuchten der Tore zur überirdischen, intelligiblen Welt wie mit einem ganz feinen Lichtschatten durchstrahlt wäre". Der Mensch ist ein Betrachter, ein „Sohn des Weltganzen", der jenseits des Seienden, dessen was bereits in der Welt erschaffen war, erwuchs, das Gegenüber von allem, im „Schmelzpunkt der Welt" und in der „Mitte von allem", eine Kreatur, die allem zugehörig und offen für alles ist. Dieses Lebewesen sollte die „Leere in der Natur" auf dem Weg der Weisheit „mit Sinn erfüllen". Mittels der Vernunft vermag der Mensch die Welt zu erkennen und sich selbst zu begreifen. Diese Vernunft entstammt wiederum „Mutter Natur", sozusagen ihre bevorzugte und begabteste Tochter, die „erstgeborene und letztgeborene zugleich", die „Mutter" nachahmend, den anderen Töchtern, etwa auch der „Tochter Wahrnehmung", vorangehend, ausgerichtet am „entzündeten Licht der Weisheit". Sie soll regieren, um vernünftig die Geschicke zu lenken und die Leidenschaften zu mäßigen. Natur und Vernunft sind einander verwandt, allein die Vernunft erfreut sich der „Gunst ihres Zuspruchs". Sie ist die „zweite Natur", welche die erste reflektieren, nachahmen und ergänzen kann – und ein „weises Maß" zu setzen vermag: „Wir bestimmen die Vernunft zudem als jene Kraft, durch welche die Mutter Natur zu sich selber zurückkehrt, durch welche der gesamte Kreis der Natur sich schließt, durch welche die Natur ihren eigentlichen Sinn erfährt." In Carolus Bovillus' Werk erstrahlt also gewissermaßen das Licht der Vernunft, welches die Welt der Natur erleuchtet und mit dieser zusammenwirkend die herausgehobene Stellung des Menschen im Kosmos anschaulich macht. Er schafft somit dem Menschen ein neues Bewusstsein seiner Stellung im Ganzen. Die Schöpfung findet in ihm ihren Abschluss und ihre Mitte, aber nur sofern er sich seiner Vernunft bedient und damit der Bestimmung gerecht wird, die ihn vor allen anderen Lebensformen auszeichnet. Er hat große Möglichkeiten zur Entfaltung seiner selbst, und nicht minder groß ist die Gefahr, dass er auf geradezu tragische Weise scheitert, versagt oder schlicht nicht erreicht, was ihm möglich ist.

Carolus Bovillus vermochte den später so genannten „Geist der Renaissance" in seinen Werken grundlegend zu bestimmen, indem er den Menschen als „Spiegel der Natur" auffasste und ihm damit, im Blick auf die ihm verliehene Gabe der Vernunft, einen besonderen Platz im Kosmos zuwies, in den er trotz seiner herausragenden Individualität und seines Bewusstseins eingebunden bleibt. Zum Ende seines Lebens verliert sich die Spur des bis ins hohe Alter philosophisch rege tätigen Domherrn. Zwischen 1553 und 1567 verstarb Carolus Bovillus, vermutlich in Noyon.

Giordano Bruno

Geboren im Jahr 1548 in Nola, trat Giordano Bruno 17-jährig dem Dominikanerorden bei. Zuvor schon hatte er in Neapel studiert und hegte durchaus gewisse Zweifel an der kultischen Heiligenverehrung und ebenso am Gottesverständnis der Kirche. 1572 wurde er zum Priester geweiht. Giordano Bruno beschäftigte sich weiter mit Theologie. Vier Jahre später ergaben sich beträchtliche Differenzen mit seiner Ordensgemeinschaft. Bruno hatte sich eingehend mit den astronomischen Schriften des Nikolaus Kopernikus befasst und stimmte diesen Erkenntnissen zu. Der Orden strengte einen Prozess gegen den unbequemen Mönch an. Er wurde schuldig gesprochen. Giordano Bruno streifte von nun an ohne dauerhafte Bleibe durch Norditalien. Er ging 1578 nach Genf. Aber auch Professoren dieser Universität widersprachen ihm entschieden und vertrieben ihn aus der Lehranstalt. Giordano Bruno lehrte sodann in Toulouse. 1582 wurde er Professor am Pariser Collège de Cambrai. 1583 reiste er nach England und blieb dort bis 1585. Er verfasste in dieser Zeit seine philosophischen Hauptwerke. In den Jahren 1584 und 1585 entstanden die Schriften „Von der Ursache, dem

Prinzip und dem Einen", „Zwiegespräche vom unendlichen All und den Welten" und „Heroische Leidenschaften".

Bruno fordert den „unendlichen Raum" aufgrund der „Existenzwürdigkeit" der in ihm beheimateten Lebewesen. Der „unendlichen Erhabenheit" entsprächen „unzählige Individuen" viel eher als eine begrenzte Anzahl von Individuen. Der „göttlichen Unendlichkeit" soll ein ebensolches, „unendliches Spiegelbild" entsprechen, in welchem sich „unzählige Welten" befinden: „In diesem Sinne sagen wir: es gibt ein Unendliches, das heißt eine unermessliche Ätherregion, in welcher zahllose Körper sind wie Erde, Mond und Sonne, die von uns Welten genannt werden. Dieser Äther, dieser Geist befindet sich nicht um diese Dinge herum, sondern er durchdringt sie und ist innerhalb eines jeden Dings." Die Idee dieser Unendlichkeit entstammt der Vernunft. Die empirischen Zugangswege bleiben begrenzt, aber auch wer sich mit Hilfe der sinnlichen Wahrnehmung orientiert, mag diese als möglich ansehen. Jedoch ist es einzig eine Leistung der Vernunft, diese Idee zu denken. Giordano Bruno führt aus, dass derjenige Mensch, welcher das Unendliche mit den Sinnen erkennen wolle, jemandem gleiche, der die Substanz und Wesenheit eines Dings mit den Augen erfassen möchte. Wer leugnet, was außerhalb der durch die Sinne vermittelten Erfahrung liegt, müsste auch konsequenterweise sein eigenes Sein und Wesen negieren: „Die Wahrheit nimmt zwar von den Sinnen als einem ersten schwachen Anfang ihren Ausgang, aber sie hat in ihnen nicht ihren Sitz: Sie ist in dem sinnlichen Objekt wie in einem Spiegelbild, in der Vernunft in der Form diskursiven Denkens, in der Einsicht als Prinzip und Schlussfolgerung, im Geiste schließlich in ihrer ureigenen und lebendigen Gestalt."

Das Universum begreift Giordano Bruno als „ein Einiges, Unendliches, Unbewegliches". Ein „Einiges" ist die „absolute Möglichkeit", ein „Einiges" die „Wirklichkeit". Weiterhin fügt er die Form an, die Materie, die Ursache und das Wesen, das Größte und Beste, welches den erkennenden Zugriff übersteigt, das Unbegrenzbare und Unbeschränkbare, das Unbegrenzte und Unbeschränkte, schließlich das Unbewegliche: „Es wird nicht erzeugt, denn es ist kein anderes Sein, welches es ersehnen oder erwarten könnte; hat es doch selber alles Sein." Es ist unvergänglich, da es sich in nichts anderes verwandeln könnte. Als Unendliches kann es weder ergänzt noch verkürzt werden. Alle Gegensätze befinden sich in ihm in Harmonie. Das Universum ist nicht Materie, da es weder gestaltet noch gestaltbar ist. Auch ist es nicht Form, da es weder formt noch anderes formend gestalten kann. So stellt es Bruno als das unmessbar Größte dar, das Eines und universell ist. Der Philosoph gelangt zu paradox anmutenden Bestimmungen: „So ist es denn eine Grenze, doch so, dass es keine ist; es ist Form, doch so, dass es nicht Form ist; es ist so Materie, dass es nicht Materie ist; es ist so Seele, dass es nicht Seele ist; denn es ist alles ununterschieden, und deshalb ist es Eines; das Universum ist Eines."

Giordano Bruno scheint bei seinem Versuch, das Universum beschreibend zu erfassen, etwas schlechthin Unmögliches zu wollen, nämlich Worte für etwas zu finden, das sich der Beschreibung oder gar einer Definition letztlich entzieht. Man könnte nun berechtigterweise einwenden, die Aussage, dass das Universum eine Grenze sei und zwar auf eine Weise, dass es keine sei, entbehre jeglichen vernünftigerweise einsehbaren Gehalts. Giordano Bruno hätte wahrscheinlich erwidert, wer widerspräche, zeige nur ein Beispiel für mangelhafte Einsicht oder den Hochmut einer Vernünftigkeit, die nichts zulässt, was über die Vernunft hinausreicht. Er lehrt, alle Dinge seien im Universum und das Universum widergespiegelt in allen Dingen und Lebensformen. Wir sind in ihm, wie es auch in uns ist. Wahrhaft weise sei, wer dieses Eine, diese Einheit gefunden habe: „Dass das Wahre, das Eine und das Wesen eines und dasselbe sind, haben viele zu sagen gewusst, aber nicht alle haben es verstanden … Also ist diese Welt, dieses Wesen, das wahre, das universelle, das unendliche, unermessliche, in jedem seiner Teile ganz, und mithin das Ubique, die Allgegenwart selber. Was daher im Universum ist, ist in Bezug auf das Universum nach dem Maße seiner Fähigkeit überall, sei es auch, was es wolle in Bezug auf die anderen besonderen Körper." Das Universum umfasst alle Unterschiede im Raum, die zugleich sind und auch nicht sind. Was im Universum besteht, ist der Möglichkeit nach überall gegenwärtig: „Jedes Ding, das wir im Universum ergreifen, umfasst, weil es das, was alles in allem ist, in sich hat, in seiner Art die ganze Weltseele, obschon nicht gänzlich, welche in jedem Teil desselben ganz ist."

Die Denkwege Brunos erweisen sich als originell, aber sie rufen auch beträchtlichen und berechtigten Widerspruch hervor. Sein Versuch, die Unendlichkeit und das Universum mit unzulänglichen Begriffen zu erklären, zeigt zahlreiche subtile Betrachtungen, die in ihrer metaphysischen Entrücktheit schwer begreiflich und demgemäß ungreifbar sind. Die „Erkenntnis des Einen" geht in der Welt seiner Reflexionen untrennbar einher mit der „Erkenntnis von allem". Das „höchste Gut", der „höchste Gegenstand des Begehrens" und die „höchste Vollkommenheit" bestehen in der alles in sich schließenden Einheit. Hymnisch formuliert der Denker: „Wir ergötzen uns an der Farbe, aber nicht so an einer entfalteten, welcher Art sie auch sei, sondern am meisten an einer solchen, welche alle Farben in sich schließt. Wir erfreuen uns an dem Klang, nicht an einem besonderen, sondern an einem inhaltsvollen, welcher aus der Harmonie vieler Töne sich ergibt. Wir freuen uns an einem sinnlich Wahrnehmbaren, aber zumeist an dem, welches alles sinnlich Wahrnehmbare in sich fasst; an einem Begreiflichen, welches alles Begreifliche umfasst, an einem Wesen, welches alles umschließt, am meisten an dem einen, welches das All selber ist." Der Geist, aus dem „engen Kerker" befreit, fliegt ins „Unermessliche", verliert die „bleibeschwerte Urteilskraft", löst sich aus der „Bruchstück-haftigkeit der Liebe" und ist befreit vom „Schrecken endlosen Sterbenmüssens", streift „verklärt" durch die „Himmelswelt", überwindet die „eingebildeten Schranken" dieser Welt, vergisst die „Erdichtungen der Blindheit der Philosophen" und ignoriert die „Eitelkeit der Mathematiker", so dass „alle sphärischen Mauern verschwinden" und die „Blinden" auf diese Weise „er-leuchtet" werden mittels der Vernunft. Auf dem Weg der Wis-senschaft gelangt der Mensch zur „Anschauung der Gottheit", die der „wesentlichste Mittelpunkt" ist: „Wir kennen nämlich nur noch einen einzigen Himmel, eine unermessliche ätherische Er-streckung, in der es ebenso wie diesen herrlichen Planeten, den wir Erde nennen, noch unendlich viele andere gibt, die einen jeweils besonderen Abstand voneinander halten und die durch eigene Schwerkraft in ihrer Bahn gehalten werden – so entsteht dauerndes Leben und dauerndes Licht. Es sind flammende Kör-per, die den Ruhm der göttlichen Majestät verkünden und das Werk seiner Hände sind."

Giordano Brunos Lehren führten allerorten zu heftigem Wider-spruch. Er verließ England nach vehementen Auseinanderset-zungen mit zahlreichen Gelehrten an der Universität von Oxford. Auch in Paris ergaben sich neue Streitigkeiten. Schließlich reiste er nach Wittenberg und Helmstedt, um an den dortigen Univer-sitäten zu lehren. 1590 erhielt Giordano Bruno eine Einladung nach Venedig, die er umgehend annahm. In Italien dauerte es nicht lange, bis die römische Inquisition erneut auf ihn aufmerk-sam wurde. Zuvor aber hatte er sich noch, wie auch Galileo Ga-lilei, auf einen Lehrstuhl für Mathematik in Padua beworben. Bruno unterlag, sein metaphysischer Ansatz konnte mit dem des empirisch-physikalisch argumentierenden Naturwissenschaftlers Galilei nicht konkurrieren.

Am 22. Mai 1592 wurde Giordano Bruno verhaftet und der Ket-zerei angeklagt. Die Anklage lautete, dass er die Lehre von der

Dreieinigkeit Gottes leugne und einen personalen Gott ablehne. Er erklärte am 2. Juni 1592 vor dem Inquisitionsgericht: „Ich habe die Unendlichkeit des Weltalls als Wirkung der unendlichen göttlichen Macht begreifen wollen." Der Prozess dauerte mehr als sieben Jahre, in der Engelsburg war er festgesetzt. Bruno widerrief nicht. Vor dem Richtspruch soll er gesagt haben: „Ihr habt mehr Angst, das Urteil zu verkünden, als ich habe, es zu empfangen." Am 17. Februar 1600 wurde der abtrünnige Dominikanermönch Giordano Bruno auf dem Campo di Fiore in Rom verbrannt, von der römischen Inquisition der Ketzerei für schuldig befunden.

II. Von Descartes zu Spinoza

Die Philosophie der Neuzeit setzt die Diskurse und Disputationen des mittelalterlichen Denkens thematisch kontinuierlich fort. Die scholastische Methode, die die philosophische Forschung bestimmt und beherrscht hat, verliert zusehends an Einfluss. Die „Entdeckung" des Individuums in der Philosophie der Renaissance, die Besinnung auf das Bewusstsein einer reflektierten Subjektivität, die nach objektiver Erkenntnis strebt, beherrscht die Denker jenes Zeitalters, das wir in der Geschichte der Philosophie „Neuzeit" nennen. Das Neue zeigt sich besonders in der positiven Würdigung der Naturwissenschaften, in der selbstbewussten Anwendung neuer Zugangsweisen zur geisteswissenschaftlichen Erkenntnis und, in der Abkehr von einer klerikal geprägten Wissenschaft, in zunehmender Distanz zum kirchlichen Lehramt. Die Frage nach Gott bleibt nichtsdestoweniger wesentlich für die Philosophie jener Zeit. René Descartes revolutioniert die wissenschaftliche Arbeitsweise, die sich deutlich von den tradierten Modellen der Forschung unterscheidet. Er wählt den Weg, der vom methodischen Zweifel seinen Ausgang nimmt und zur aufbauenden Gewissheit objektiver Erkenntnis führen soll. Als Grundlage für eine gehaltvolle Auseinandersetzung mit den Problemen der Metaphysik dient die „ratio", die menschliche Vernunft. Dementsprechend skizziert Descartes die Programmatik der neuzeitlichen Philosophie: „Um nicht ständig im Ungewissen zu bleiben, was der Geist vermag, und um sich nicht fruchtlos und vergeblich zu bemühen, muss man, bevor man daran geht, die Dinge im Besonderen zu erkennen, einmal im Leben sich sorgfältig gefragt haben, welcher Erkenntnisse die menschliche Vernunft überhaupt fähig ist." Der Philosoph benennt sogleich das Ziel dieses Weges: „Dabei werden wir finden, dass nichts früher erkannt werden kann als der Verstand selbst, da von ihm die Erkenntnis alles Übrigen abhängt und nicht umgekehrt."

René Descartes

Am 31. März 1596 wurde Descartes in La Haye geboren. Er entstammte einer aristokratischen Familie. Seine Erziehung war Jesuiten anvertraut, die in scholastischer Manier unterrichteten. Descartes' schwache Konstitution erforderte viel Schonung. Er verbrachte als Kind, aber auch in späteren Jahren die Morgenstunden gerne im Bett. Zu dieser Zeit widmete er sich der Meditation und dachte über philosophische Probleme nach. Descartes galt als fleißiger Schüler. Insgeheim hegte er Zweifel an der ihm dargebotenen Philosophie. In späteren Jahren gab er zu bedenken, dass man nichts Absurdes denken könne, was nicht schon einmal von einem Philosophen gedacht worden sei. 1612 begab er sich nach Paris. Dort studierte er Jura und Mathematik. 1617 und 1618 diente er als Offizier der niederländischen Armee. Von nun an widmete sich Descartes dem „Buch der Welt". Er schreibt: „Sobald mein Alter es mir erlaubte, mich von der Unterwerfung durch meine Lehrer freizumachen, gab ich das gelehrte Studium völlig auf. Ich entschloss mich, kein anderes Wissen mehr zu suchen als dasjenige, das sich in mir selbst oder in dem großen Buche der Welt finden könne. Ich verwandte den Rest meiner Jugend darauf, zu reisen, Höfe und Heere zu sehen, mit Menschen von verschiedener Art und Stellung zu verkehren, mannigfache Erfahrungen zu sammeln, mich in den Ereignissen, die mir das Geschick darbot, zu erproben und überall über das, was mir begegnete, so nachzudenken, dass ich davon Gewinn hätte." Descartes liebte Spiel und Tanz. Er führte ein genussvolles, ausschweifendes Leben. Von Zeit zu Zeit zog er sich vom gesellschaftlichen Trubel zurück und arbeitete konzentriert. Ein Jahr später bereiste er Kopenhagen und Danzig, Böhmen, Ungarn und Österreich. Er studierte die Waffen des Krieges und beobachtete jene Menschen, die sich scheinbar reflexionslos zu gewaltsamem Handeln entschlossen hatten. In der Nacht vom 10. auf den 11. November 1619 soll Descartes von einem Wörterbuch geträumt haben. In diesem sah er eine Frage vor sich, die seine Art zu leben fundamental verändern sollte: „Welchen Lebensweg soll ich einschlagen?" Die Antwort auf diese Frage war schnell gefunden: Er wusste sich nunmehr zur Philosophie bestimmt.

René Descartes begann mit der Ausarbeitung methodischer Gedanken, die die Grundlage für eine philosophische Neuorientierung bieten sollten. Außerdem übte er rückhaltlos Kritik an der scholastischen Philosophie: „Weil die Wahrheiten, die meine Philosophie enthält, sehr klar und sehr gewiss sind, beheben sie jeden Anlass zu Disputen und stimmen die Geister zu Frieden und Eintracht – ganz im Gegensatz zu den Kontroversen der Schule, die jene, die sie lernen, unmerklich pedantischer und rechthaberischer machen und dadurch möglicherweise die erste Ursache der Häresien und Zwistigkeiten sind, die gegenwärtig die Welt verheeren."

Der Philosoph verbrachte zwei Jahre in Italien. Später siedelte er sich wieder in Frankreich an. Dort nahm er an etlichen philosophischen Gesprächsrunden teil. 1628 begab er sich in die Niederlande und fand dort Zeit zur Abfassung von philosophischen Werken, „einsam in der Einsamkeit", ganz der Wissenschaft hingegeben. Inmitten der geschäftigen Holländer war er, seine Tage „wie in entlegensten Wüsten" verlebend, auf die „Betrachtung des Wahren" konzentriert, eine Tätigkeit, die ihm mehr Freude machte als alle Pariser Vergnügungen.

Widerklang finden die immer wieder vertieften Reflexionen zur richtigen Art philosophischen Denkens, die auf die „solide Erkenntnis des Wahren" ausgerichtet sein sollen, besonders in seiner „Abhandlung über die Methode des richtigen Vernunftgebrauchs und der wissenschaftlichen Wahrheitsforschung", die 1637 publiziert wurde, und in den berühmt gewordenen „Meditationes de prima philosophia", den 1641 erschienenen „Untersuchungen über die Grundlage der Philosophie". Descartes strebte nach mathematischer Exaktheit. Zugleich wusste er, dass die geistige Weite philosophischer Erkenntnis sich hierauf nicht begrenzen lässt. Schließlich arbeitete er mit der Prämisse, der Mensch werde grundsätzlich getäuscht und von Gott in die Irre geführt. Wer kühn annimmt, dass der Mensch ein Opfer einer sozusagen göttlichen, höchst perfide inszenierten Täuschung sei – was Descartes freilich nicht glaubte, aber als Arbeitshypothese für sinnvoll erachtete –, setzt sich dem Druck der Kirche aus. Wäre Gott ein „täuschender Gott" oder gar ein „böswilliger Dämon", dann wäre er nicht der „Quell der Wahrheit". Alle scheinbare Erkenntnis erwiese sich als Illusion. René Descartes blieb ein gläubiger Christ, musste jedoch zunehmend mit Anfeindungen von zuweilen ruppig argumentierenden Klerikern leben: „Ein Pater hat mich des Skeptizismus beschuldigt, weil ich die Skeptiker widerlegt habe, ein Prediger hat mich als Atheisten verschrien, weil ich versucht habe, die Existenz Gottes zu beweisen." Descartes war überzeugt, dass die Mönche, bedingt durch die autoritativ verfochtene scholastische Theologie, die eigentlichen Verursacher der „Sekten und Häresien" waren, die sie nach der Entstehung wiederum bekämpfen wollten.

Mehrere Jahre stand Descartes im Briefwechsel mit der schwedischen Königin Christine, die ihn 1649 an ihren Hof einlud. Zunächst zögerte der Philosoph, schließlich trat er die Reise an. Die Zeit der Ruhe war vorüber, das „Land der Bären, mitten unter Felsen und Eis", behagte ihm nicht sonderlich, auch störte ihn die Gewohnheit der Königin, in aller Frühe, um fünf Uhr morgens, mit dem katholischen Philosophen, den die Gelehrten des Hofes argwöhnisch betrachteten, philosophische Gespräche zu führen. Descartes starb am 11. Februar 1650 an einer Lungenentzündung.

Im Louvre befindet sich eine Statue des Descartes. Einer Anekdote zufolge fragte eines Tages ein Höfling seinen Begleiter: „Wer war eigentlich dieser Descartes?" Dieser antwortete: „Ein Philosoph." Der Höfling bemerkte despektierlich: „Ein Philosoph? Schade um den schönen Marmor!"

Abhandlung über die Methode

Descartes leitet dieses Werk mit einer stilisierten autobiografischen Schilderung seines Denkwegs ein. So zählt er zu Beginn verschiedene Handwerkskünste und Erkenntnisgebiete auf. Descartes würdigt die Beredsamkeit und verweist zugleich auf ihre Grenzen. Die Rhetorik ist nur eine Form des Ausdrucks und der Darstellung. Descartes schreibt: „Diejenigen, die die schärfsten Überlegungen anstellen und die ihre Gedanken am besten zu ordnen verstehen, um sie klar und einsichtig zu machen, können stets am besten von dem, was sie vorbringen, überzeugen, selbst wenn sie nur niederbretonisch sprächen und niemals etwas von Rhetorik gelernt hätten …" Schließlich kommt Descartes auf die Vorzüge theologischer Betrachtungen zu sprechen. Wer sich mit ihnen befasse, wolle sich den Himmel verdienen: „Aber ich habe als eine sehr sichere Sache gelernt, dass der Weg dorthin den Unwissendsten nicht weniger offen steht als den Gelehrtesten und dass die geoffenbarten Wahrheiten, die dorthin führen, unser Fassungsvermögen übersteigen, und so hätte ich nicht gewagt, sie der Schwachheit meiner Überlegungen zu unterwerfen, und ich dachte, dass es einigen außerordentlichen

Beistand vom Himmel bedürfte und man mehr als ein Mensch sein müsste, um mit Erfolg ihre Prüfung zu unternehmen." Auch in der abendländischen Philosophie findet Descartes nicht das Wahre, nur das Wahrscheinliche – eine Vielheit von divergierenden Meinungen und Ansichten. Darum sucht er, zuweilen fasziniert, doch auch enttäuscht von den Wissenschaften, nach einer Grundlage für sichere Erkenntnis. Diese findet er im eigenen Selbst, das nicht überhöht werden soll, aber ein Fundament bildet, von dem aus verlässliche Wege des geordneten Denkens und Erkennens beschritten werden können.

Empirische Erkundungen über Probleme der Erkenntnis sind nicht ratsam. Viele Menschen halten sich für einsichtiger als sie sind. Ungefragt teilen sie ihre diffusen Ansichten mit. Bevor sie ihre Gedanken strukturiert haben, geben sie Auskunft über alles Mögliche, aber in Wirklichkeit irren sie ihr ganzes Leben umher. Die ahnungslosen Selbstgewissen verfügen über eine gehörige Gefolgschaft, die ihr eigenes Urteilsvermögen gering schätzt und das Wahre nicht vom Falschen zu unterscheiden weiß. René Descartes legt dar, er selbst hätte unstreitig zu den letztgenannten Menschen gehört, wenn ihn seine vielen Reisen nicht gelehrt hätten, dass viele Menschen die Vernunft auf sehr unterschiedliche Weise gebrauchen. In allen Fragen der Erkenntnis kommt der „Mehrheit der Stimmen" keine Beweiskraft zu, schon gar nicht bei Fragestellungen, bei denen die Wahrheit schwer zu ergründen ist. Über das, was Wahrheit ist, beschließt nicht die Mehrzahl der Stimmen. Verhielte es sich anders, wäre die Entscheidung in der Wahrheitsfrage einer Modeerscheinung vergleichbar. Doch Mode ist flüchtig und vergänglich. Manchmal kehrt sie wieder, aber es gibt in ihr keine innere Stabilität, keine sichere Einsicht. Auch hält Descartes es für wahrscheinlicher, dass ein einziger Mensch die Wahrheit entdeckt als ein ganzes Volk. Also kommt es nicht darauf an, sich einen Führer zu wählen, dem man Glauben schenkt, sondern sich selbst auf den Weg der Erkenntnis zu begeben: „Aber wie ein Mensch, der allein und im Dunkeln fortschreitet, entschloss ich mich, so langsam zu gehen und in allen Dingen so viel Vorsicht zu brauchen, dass, wenn ich auch nur sehr wenig vorwärts käme, ich doch wenigstens nicht Gefahr laufen würde zu fallen. Auch wollte ich nicht damit anfangen, alle Meinungen, die sich einmal in meinen Glauben eingeschlichen hatten, ohne durch die Vernunft eingeführt zu sein, vollständig aufzugeben, ohne dass ich vorher hinreichende Zeit darauf verwendet hätte, den Entwurf des Werks, das ich unternahm, auszubilden und die wahre Methode zu suchen, um zu der Erkenntnis aller Dinge zu gelangen, die mein Geist fassen könnte."

Descartes begrenzt die notwendigen Regeln zur methodisch gesicherten Erkenntnis auf vier. Was nicht als sicher und einleuchtend erkannt werden kann – so lautet die erste Regel –, soll auch nicht als wahr angenommen werden. Voreilige Schlussfolgerungen gilt es zu vermeiden. Nur das zweifelsfrei Gewisse wird als wahr anerkannt. Die zweite Regel beinhaltet, dass die vorfindlichen Probleme beim Gegenstand der Untersuchung möglichst unterschieden und so voneinander getrennt werden, dass man sie sorgfältig untersuchen kann. Als dritte Vorschrift benennt Descartes die Ordnung der Gedanken. Man soll schrittweise vorgehen, vom Einfachen zum Schwierigen. Wer sich darum bemüht, zunächst das Komplizierteste zu erkennen, wird vermutlich scheitern. Die vierte Regel betrifft die Zusammenfassung der Ergebnisse. Vollständig und übersichtlich sollen alle Gegenstände und Ergebnisse der Untersuchung aufgeführt und festgehalten werden.

Als Muster für diese Vorgehensweise dient der Weg der geometrischen Erkenntnis, da „alle möglichen Objekte der menschlichen Erkenntnis auf ähnliche Weise einander folgen, und wenn man nur keine Sache für wahr gelten lasse, die es nicht sei, und stets die notwendige Ordnung beobachte, um das eine aus dem andern abzuleiten, so könne nichts so entfernt sein, dass man es nicht zu erreichen, und nichts so verborgen, dass man es nicht zu entdecken vermöchte". Dieses methodische Verfahren führt nach Descartes auch im Bereich philosophischer Forschung zu gesicherten Erkenntnissen. Eine Regel, die erkannt ist, eine Gesetzmäßigkeit, die sich formulieren lässt, bildet gleichsam den Weg zur Erkenntnis der nächsten. So sicher wie die „Regeln der Arithmetik" sind, besteht in allen Bereichen die Möglichkeit zur Ergründung der Wahrheit und zum Erwerb verlässlicher Einsichten, da es „von jeder Sache nur *eine* Wahrheit gibt und …, wer diese Wahrheit auch findet, von der Sache so viel weiß, als man überhaupt wissen kann". Die Anwendung dieser Methode der Erkenntnis übt die Vernunft. Die Bildung des Geistes führt zu einer Verfeinerung der Erkenntniskräfte. Gleichwohl, schreibt Descartes, sei es nicht seine Absicht, alle Bereiche der Wissenschaften zu untersuchen, wohl aber gelte es, die Prinzipien der Philosophie zu erfassen. Diese Grundlagen sind in der Philosophie noch nicht erarbeitet oder herausgefunden worden: „So meinte ich, ich müsste vor allem den Versuch machen, die Prinzipien der Philosophie festzustellen, und da dieses die bedeutendste Sache der Welt wäre, wobei Übereilung und Vorurteil am meisten zu fürchten sind, so müsste ich, um damit zustande zu kommen, ein viel reiferes Alter erreicht haben als die 23 Jahre, die ich damals zählte. Ich müsste zuvor noch viel Zeit auf meine Vorbereitung verwenden, aus meinem Geist alle schlechten Vorurteile bis auf die Wurzel vertilgen, eine Menge von Erfahrungen sammeln als Stoff für späteres Denken und mich fortwährend in der Methode, die ich mir vorgezeichnet hatte, üben, um mich mehr und mehr darin zu befestigen."

Die Suche nach Gewissheit

Wer sich die Grundzüge der Philosophie Descartes' vergegenwärtigt, erinnert sich sogleich an den methodischen Zweifel, an die berühmte Wendung „Ich denke, also bin ich" und vielleicht auch an den ontologischen Gottesbeweis. Verblüffend ist, wie der neuzeitliche Philosoph die Argumente des Skeptizismus aufgreift und für sich nutzbar macht, ohne im eigentlichen Sinne je ein Skeptiker gewesen zu sein. Er führt in den „Meditationen" zur Gewissheit auf einem scheinbar abschüssigen Weg – und veranschaulicht die Plausibilität verlässlicher Erkenntnis durch die Erschütterung, die mit dem vorsätzlichen Zweifel einhergeht, einem Zweifel, der indessen durch seine eingeschränkte, nämlich einzig methodische Verwendung wesentlich weniger beunruhigend ist als beispielsweise jene durch das sokratische Fragen ausgelöste tiefe Erschütterung vermeintlicher Gewissheiten und absolut gesetzter Regeln bei den an der Erkenntnissuche beteiligten Menschen.

Descartes begibt sich auf die Suche nach Gewissheit – und „sollte es auch nur die Gewissheit sein, dass es nichts Gewisses gibt". Der feste Punkt der Erkenntnis wird das denkende und von sich als denkend wissende Bewusstsein des Menschen. Zunächst richtet sich der Zweifel gegen alle vermeintlichen Gewissheiten der durch die Sinne wahrgenommenen Wirklichkeit: „Ich nehme also an, alles, was ich sehe, sei falsch; ich glaube, dass nichts von alledem jemals existiert habe, was mir mein trügerisches Gedächtnis vorführt. Ich habe überhaupt keine Sinne; Körper, Gestalt, Ausdehnung, Bewegung und Ort sind Chimären. Was soll da noch wahr sein? Vielleicht dies Eine, dass es nichts Gewisses gibt."

Die Annahme besagt, nichts sei wahr, nichts von dem, an das der Suchende sich zu erinnern glaubt, nichts von dem, was er augenblicklich wahrzunehmen scheint. Bleibt als Gewissheit nur dieses Eine, nämlich dass nichts Gewisses besteht? Das scheinbar Gegebene wird bezweifelt, aber vielleicht gibt es von diesem Gegebenen Unterschiedenes. Wie verhält es sich mit Gott? Existiert er? Verursacht er diese Gedanken? Wenn er nicht besteht, dann vielleicht dieses Ich, das dieses und jenes grundsätzlich bezweifelt: „Ich habe in mir die Annahme gefestigt, es gebe gar nichts in der Welt, keinen Himmel, keine Erde, keine Geister, keine Körper: also bin doch auch ich nicht da? Nein, ganz gewiss war Ich da, wenn ich mich von etwas überzeugt habe."

Descartes führt nun die Vermutung ein, dass man einem ebenso mächtigen wie schlauen Betrüger ausgeliefert sei, einem Gott, der absichtsvoll und heimtückisch täuscht. Doch so viel er auch betrügen würde, so würde er doch nie etwas gegen das Ich zu bewirken vermögen. Die Gewissheit der Existenz des Ich, worauf beruht sie? Diese zeigt sich weder in dem, was der Seele zugeschrieben wird, noch in dem, was der Körper zu empfinden scheint: „Und das Denken? Hier finde ich es: Das Denken ist es; es allein kann von mir nicht abgetrennt werden; Ich bin, Ich existiere, das ist gewiss." Descartes führt hier den Begriff der „res cogitans" ein, das denkende Ding, das Bewusstsein, welches von der „res extensa", dem ausgedehnten Ding, dem Körper, unterschieden wird. Er schreibt: „Ich lasse jetzt nichts gelten, als was notwendig wahr ist; demnach nun bin ich genau genommen lediglich ein denkendes Ding, d.h. Geist bzw. Seele bzw. Verstand bzw. Vernunft; lauter Bezeichnungen, deren Bedeutung mir früher unbekannt war. Ich bin nun ein wirkliches und wahrhaft seiendes Ding. Was denn nun aber für ein Ding? Ich sagte ja: ein denkendes. ... Was ist das? – Ein Ding, das zweifelt, einsieht, bejaht, verneint, will, nicht will, das auch bildlich vorstellt und empfindet."

Das Ich erkennt den Grund der Gewissheit seiner Existenz im Zweifel, als reflektierendes Bewusstsein, welches einsieht, behauptet, verneint, erkennen und nicht getäuscht sein will. Befähigt zu bildhafter Vorstellung ist dieses Ich, auch wenn nichts von dem Vorgestellten wahr sein muss. So bleibt unbestreitbar, dass die Einbildungskraft, die Bestandteil des Denkens ist, real besteht. Nur ist es schwierig, außer dem Bewusstsein etwas von sich zu erkennen. Descartes wählt das Beispiel eines Wachsstücks. Das Ich scheint dieses Wachs deutlich zu erfassen. Müsste das reflektierende Ich nicht noch viel deutlicher die Konturen seiner selbst erkennen können? Die Erkenntnis des Gegenstandes führt zu Konsequenzen bei der Selbstreflexion. Das Ich sieht das Wachs. Descartes schreibt: „Denn es ist ja möglich, dass das, was ich sehe, in Wirklichkeit gar kein Wachs ist; es ist sogar möglich, dass ich nicht einmal Augen habe, um damit etwas zu sehen; ganz und gar unmöglich aber ist es, dass ich, wenn ich sehe oder (was ich nicht länger als verschieden setze) wenn ich denke, dass ich sehe – dass Ich selbst, der ich denke, nicht etwas sei. Ebenso wenn ich urteile, das Wachsstück sei, weil ich es berühre, so folgt wiederum dasselbe, nämlich dass ich bin; und ganz dasselbe ergibt sich auch, wenn ich das Dasein des Wachsstücks aus meinem bildhaften Vorstellen von ihm oder aus irgendeinem anderen Grund anerkenne. Ganz dasselbe aber, was ich vom Wachs bemerke, lässt sich auf alle andern Dinge anwenden, die außerhalb meiner liegen." Der Philosoph zeigt somit, dass die Erkenntnis der Gegenstände zur vertieften Einsicht in den Aufbau des menschlichen Bewusstseins verhilft. Der Geist oder das menschliche Bewusstsein erkennt sich, indem es die Erkenntnisweise mit Hilfe der Reflexion über gegebene Dinge in der Außenwelt kennen lernt. Die „res cogitans" begreift sich selbst auf dem Weg der Erkenntnis einer gegebenen „res extensa": „Wenn mir nun aber die Wahrnehmung des Wachses deutlicher erschien, als sie sich mir nicht nur durch das Gesicht oder das Gefühl allein kundgab, sondern durch mehrere Gründe, muss ich dann nicht zugeben, dass ich mich selbst nun noch um vieles deutlicher erkenne, da ja alle Gründe, die mir zur Kenntnis

des Wachses oder irgendeines andern Körpers verhelfen könnten, noch viel besser die Natur meines Geistes dartun?"

Der ontologische Gottesbeweis

Das Unvollkommene setzt das Dasein des Vollkommenen voraus. Die vornehmste Idee, über die der Mensch verfügt, ist die
Idee eines allweisen, allmächtigen und in höchstem Maße vollkommenen Wesens. Andere Gegenstände und die ihnen zugrunde liegenden Ideen können als möglich und zufällig angenommen werden. Bei der Gottesidee verhält es sich ganz anders. Die
Idee des höchst vollkommenen Wesens bezeichnet Descartes als
ewig und notwendig. Das Dasein Gottes ist für die Deutlichkeit
der Erkenntnis maßgeblich, für die Ethik und für die Physik. Diese nachgeordneten Disziplinen verlören ohne die Gottesidee ihren Ausgangspunkt. Das Gewölbe der neuzeitlichen Metaphysik findet hierin gleichsam den Schlussstein, der alles zusammenhält und das ganze System beherrscht, zugleich Fundament,
Höhepunkt und Abschluss des Ganzen ist.

Descartes schreibt: „So wie z. B. der Geist bei der Idee eines
Dreiecks es als notwendig darin enthalten erkennt, dass seine
drei Winkel gleich zwei rechten sind, und deshalb überzeugt ist,
dass ein Dreieck drei Winkel hat, die gleich zwei rechten sind,
so muss er lediglich daraus, dass er einsieht, dass in der Idee
eines höchst vollkommenen Wesens das notwendige und ewige
Dasein enthalten ist, folgern, dass das höchst vollkommene Wesen existiert." Keine andere Idee weist dieses Maß an Notwendigkeit im Blick auf die Existenz in gleicher Weise auf wie dieses Wesen. Das reflektierende Ich erkennt, dass diese Idee nicht
von ihm selbst stammt, nicht von ihm gebildet ist, sondern die
„wahre und unveränderliche Natur" bezeichnet, deren Existenz
zwingend gewiss ist, da in ihr das „notwendige Dasein" besteht.

Um dies einzusehen, muss sich der Mensch von Vorurteilen frei machen. Üblicherweise unterscheiden wir, sagt Descartes, von den Dingen das Wesen von dem Dasein. Auch wissen wir, dass wir Ideen zu bilden vermögen, die niemals wirklich gewesen sind oder noch werden – und so fragen wir uns bei der Idee des höchst vollkommenen Wesens auch, mit augenscheinlich berechtigter Skepsis, ob wir diese Idee nicht aus uns selbst geschöpft und nach eigenem Bilde geformt haben. Die meisten Ideen unterscheiden sich als „modi cogitandi", als Bewusstseinsarten, voneinander nicht so sehr. Sie variieren nach dem Grad ihrer Vollkommenheit. Je vollkommener eine Idee ist, umso vollkommener müssen auch ihre Ursachen sein.

Als Beispiel wählt Descartes die Idee einer künstlichen Maschine. Woher stammt eine solche Idee? Vielleicht ist diese Idee im Vergleich mit anderen entstanden. Wer diese Idee bei sich trägt, mag eine ähnliche Maschine gesehen haben. Möglicherweise verfügt er auch über Kenntnisse der Mechanik, so dass er die Konzeption einer solchen Maschine entwerfen und vorstellen kann. Descartes schreibt: „Denn das ganze Kunstwerk, das in jener Idee nur vorgestellt oder wie in einem Bilde enthalten ist, muss in ihrer Ursache, wie beschaffen sie nun auch sein mag, nicht bloß vorgestellt oder repräsentiert, sondern wenigstens der ersten Ursache oder der maßgeblichen Zweitursache nach genau so oder noch vollkommener enthalten sein." Woher stammt die Idee Gottes? Wir können die Idee dieses höchst vollkommenen Wesens denken. Doch existiert Gott wirklich? Diese Idee enthält eine solche „Unermesslichkeit", dass sie nicht aus uns selbst stammen, sondern nur von einem „Gegenstande eingeflößt sein kann", der alle Vollkommenheiten in sich vereinigt – und dies ist für Descartes zweifelsfrei der wirklich existierende Gott. Die Vernunft bestätigt dies. Aus Nichts kann nicht Etwas hervorgehen. Das Unvollkommene verweist auf das Vollkommene, und dieses kann wiederum nicht von etwas verursacht worden sein, das unvollkommen ist. In uns gibt es keine Idee und kein Bild eines Gegenstandes, von dem nicht außer uns selbst ein Urbild besteht, das alle Vollkommenheit in sich trägt: „Da wir nun auf jene höchsten Vollkommenheiten, deren Idee wir haben, auf keine Weise in uns antreffen, so folgern wir daraus mit Recht, dass sie in einem von uns verschiedenen Wesen, nämlich in Gott, vorhanden sein oder mindestens einmal gewesen sein müssen, woraus klar folgt, dass sie auch noch vorhanden sind."

Der menschliche Verstand genügt nicht, um die Vollkommenheiten Gottes zu begreifen, denn das Unendliche vermögen endliche Lebewesen mit ihren begrenzten Erkenntniskräften nicht vollständig zu erfassen. Dennoch gelingt es auf dem Weg der philosophischen Reflexion klar und deutlich, die Idee Gottes zu betrachten und sich seiner höchsten Vollkommenheiten zu vergewissern, die „unser Denken mehr erfüllen, einfacher sind und durch keine Einschränkung verdunkelt werden" – ganz anders verhält es sich mit den Gegenständen dieser Welt, um deren Erkenntnis wir uns bemühen. Descartes fasst zusammen: „Da indes nicht jedermann dies bemerkt, und da wir, gleich denen, welche die Idee einer künstlichen Maschine zwar besitzen, aber meist nicht wissen, woher sie sie haben, uns auch nicht entsinnen, dass uns die Idee Gottes einmal von Gott gekommen sei, da wir sie immer gehabt haben, so ist noch zu untersuchen, von wem wir selbst sind, die wir in uns die Idee der unendlichen, in Gott vorhandenen Vollkommenheiten haben. Denn nach dem natürlichen Licht kann offenbar ein Ding, welches etwas Vollkommeneres weiß, als es selbst ist, nicht von sich kommen; denn sonst hätte es sich selbst alle die Vollkommenheiten zugeteilt, deren Idee es in sich hat, und deshalb kann es auch nur von jemand kommen, der alle jene Vollkommenheiten in sich trägt, d. h. der Gott ist."

Gott wird als der „Geber allen Lichtes" vorgestellt. Weder betrügt oder täuscht er den Menschen noch verursacht er dessen vielfältige Irrtümer. Täuschungen geschehen aus Bosheit. Gott aber ist in keiner Weise böswillig. Wenn wir seiner Existenz gewiss sind, können wir auch verlässlich das Dasein der Außenwelt annehmen, ja sogar beweisen. Empfindungen, so führt Descartes aus, beruhen auf einem Gegenstand, der von der menschlichen Seele verschieden ist. Die Sache verursacht Empfindungen. Sie wirkt auf unsere Sinne. Es liegt außerhalb unserer Macht, das eine oder das andere zu empfinden. Descartes fragt, ob diese Sache nun Gott oder von Gott verschieden sei. Wir nehmen einen Körper, wir nehmen Materie wahr. Die unseren Sinnen gegebene Sache ist ausgedehnt, sie verfügt über eine gewisse Länge, Breite und Tiefe. Ihre Teile sind auf verschiedene Weise geformt und gestaltet. Wir nehmen Farben und Gerüche wahr: „Wenn Gott die Idee dieser ausgedehnten Materie unserer Seele unmittelbar durch sich selbst zuführte oder nur bewirkte, dass dies von einer Sache geschähe, welche nichts von Ausdehnung, Gestalt und Bewegung enthielte, ließe sich kein Grund aufzeigen, weshalb er nicht als Betrüger gelten müsste. Denn wir erkennen diese Sache klar als von Gott und von uns oder unserem Geiste verschieden, und wir meinen auch klar zu sehen, dass diese Idee sich in uns bei Gelegenheit der außen befindlichen Körper bildet, denen sie ganz ähnlich ist." Doch Menschen sind oft im Irrtum befangen. Der Grund hierfür liegt in uns selbst, in unserer Unvollkommenheit: „Es ist gewiss, dass, wenn wir einem Grunde, den wir nicht verstehen, beistimmen, wir entweder irren oder die Wahrheit nur zufällig treffen und wir also nicht mit Sicherheit wissen können, dass wir uns nicht täuschen." Die Besinnung auf die Vernunft verhindert zumeist eilige und leichtfertige Urteile. Manchmal beharrt der Mensch auf Irrtümern, wenn er sich auf sein Gedächtnis beruft, weil er glaubt, eine Einsicht erworben zu haben, und störrisch diese behauptet, wider besseres Wissen, welches bei erneuter Prüfung doch erworben werden könnte. Der Fehler liegt stets beim Menschen selbst.

Der mit Hilfe philosophischer Reflexion bewiesene Gott, dessen Dasein Descartes zweifelsfrei gewiss zu sein scheint, kann niemals als ein Betrüger vorgestellt werden. Wer dies behauptet, befindet sich im Stadium der Verneinung. Er negiert Gott und verkennt ihn. Zugleich versäumt er, die Mängel bei sich selbst, die er nicht wahrhaben will, auf dem Weg der Erkenntnis zu beheben.

Die Leidenschaften der Seele

Bei aller Ausrichtung auf die Technik, Mechanik und Medizin, auf Erkenntnistheorie und Metaphysik verkennt Descartes doch nicht den Wert der Moralphilosophie. Er spricht von der Erarbeitung einer „provisorischen Moral". Die wissenschaftlich begründete Ethik ist das Resultat gründlicher Forschung. Eine unerlässliche Voraussetzung hierfür bilden umfassende Kenntnisse der Logik und Mathematik. Auf der Suche nach der „wahren Philosophie" erschließt sich der Mensch denkend die Metaphysik. Er bemüht sich, die Prinzipien der Erkenntnis zu gewinnen. Dazu zählen die Vertrautheit mit den Eigenschaften Gottes und die Lehre von der Immaterialität der Seele. Weiterhin beschäftigt sich der Mensch auf dem Weg der Erkenntnis mit der Physik. In dieser wissenschaftlichen Disziplin erforscht er das Universum anhand der „wahren Prinzipien der materiellen Dinge". Die physikalischen Gesetzmäßigkeiten benötigt man für die Beschäftigung mit der organischen Natur, mit der Welt der Pflanzen, Tieren und Menschen. Descartes wählt ein Gleichnis zur Illustration seiner Gedanken: „Die gesamte Philosophie ist also einem Baume vergleichbar, dessen Wurzel die Metaphysik, dessen Stamm die Physik und dessen Zweige alle übrigen Wissenschaften sind, die sich auf drei hauptsächliche zurückführen lassen, nämlich auf die Medizin, die Mechanik und die Ethik. Unter Ethik verstehe ich dabei höchste und vollkommenste Sittenlehre, die, indem sie die gesamte Kenntnis der anderen Wissenschaften voraussetzt, die letzte und höchste Stufe der Weisheit bildet. So wie man nun weder von den Wurzeln noch vom Stamm der Bäume die Früchte pflückt, sondern nur von ihren Zweigen, so hängt auch der hauptsächliche Nutzen der Philosophie von denjenigen ihrer Teile ab, die man erst zuallerletzt lernen kann."

Descartes' wichtigste Schrift zur Ethik heißt „Die Leidenschaften der Seele". In diesem Buch hat der Philosoph die Grundzüge einer wissenschaftlich begründeten Moralphilosophie ausgearbeitet, die an die stoische Philosophie erinnert. Ziel der Ethik ist die Beherrschung der Affekte und Leidenschaften. Ausgangspunkt der Bemühung um einen solchen Lebenswandel ist die Seele. Diese befindet sich nach Descartes' Auffassung in der Zirbeldrüse im mittleren Gehirnventrikel. Die Seele steuert willentlich die Bewegung, indem sie der Zirbeldrüse eine Richtung vorgibt, so dass die Muskulatur in gewünschter Weise gesteuert wird. Der Wille ist frei. Niemals und von niemandem kann er gezwungen werden. Die Handlungen und die Passionen stehen absolut in der Macht der Seele. Die Leidenschaften zu beherrschen freilich ist nicht leicht, aber durchaus möglich und wünschenswert. Descartes schreibt: „Unsere Passionen können durch die Tätigkeit unseres Willens nicht direkt erregt oder vertrieben werden, wohl aber indirekt, und zwar durch die Vorstellung von Dingen, die gewöhnlich mit den von uns gewünschten Passionen verbunden und denen entgegengesetzt sind, die wir vertreiben wollen."

Der Philosoph wählt als Beispiel die gewünschte Haltung Kühnheit. Um die Furcht zu überwinden, reicht der Wille nicht aus. Es gilt, die Gründe, Objekte und Beispiele zu betrachten, die überzeugen, dass in Anbetracht der möglichen Gefahr eine kühne und entschlossene Handlung durchaus ratsam und angemessen ist: „Keine Seele ist derart schwach, dass sie nicht, sofern sie gut geführt wird, eine absolute Macht über ihre Passionen erlangen kann." Die Bewegungen der Zirbeldrüse, der „Animalgeister" und des Gehirns stellen der Seele Gegenstände vor und sind mit Bewegungen verbunden, die bestimmte Leidenschaften bewirken. Die Gewohnheit hilft, solche Passionen gezielt zu unterdrücken oder ganz zu überwinden: „Wenn man beispielsweise unvermutet etwas sehr Schmutziges an einem Stück Fleisch entdeckt, das man mit Appetit verzehrt, dann vermag der Schreck über dieses Erlebnis die Dispositionen des Gehirns dermaßen zu verändern, dass man danach solches Fleisch nur noch mit Grauen erblicken kann, obgleich man es vorher mit Vergnügen aß." Dieses Beispiel veranschaulicht sehr deutlich, wie sich Descartes die Beherrschung der Leidenschaften vorstellt. Wird etwas, das Freude und Vergnügen bereitet, als schmutzig und verderbt gezeigt, so entwickelt der Mensch eine Art Ekel, der ihm bei der Überwindung dieser Passionen entscheidend hilft. Der Prozess der Gewöhnung dauert nicht lange. Descartes vertritt die Auffassung, dass sogar „Leute mit ganz schwachen Seelen" bald eine „absolute Herrschaft über ihre Passionen" erlangen können. Er spricht ganz unverstellt davon, dass die Menschen oder ihre Seelen geführt und abgerichtet werden sollen. Von psychischen Deformationen, die die rigorose Unterdrückung von Leidenschaften mit sich führen, weiß René Descartes so wenig wie die Apologeten der christlichen Moral im Zeitalter der scholastischen Philosophie. Im Feld der Ethik bleibt Descartes, der zu den Begründern und maßgeblichen Vordenkern der neuzeitlichen Philosophie gehört, den herkömmlichen Systemen mittelalterlichen Denkens verbunden, im Gegensatz zu seinen wegweisenden Ansätzen im Bereich der Erkenntnis- und Wissenschaftstheorie.

Nicolas Malebranche

Nicholas Malebranche wurde am 6. August 1638 in Paris geboren. Er trat 1660 der Ordensgemeinschaft der Oratorianer bei. Am 14. September 1664 wurde er zum Priester geweiht. Von Descartes' philosophischen Werken, insbesondere von der mathematischen Stringenz der Schriften, war Malebranche tief beeindruckt. Prägenden Einfluss gewann auf ihn Augustinus' Philosophie. Malebranche versuchte, die christliche Philosophie mit dem Denken Descartes' zu verbinden. Sein dreibändiges Werk „Über die Suche nach der Wahrheit", zwischen 1674 und 1678 publiziert, wurde viel gelesen.

Malebranche gilt als Begründer des Okkasionalismus. Ursache der Ideen und der Ordnung der Welt kann allein Gott sein, dem Menschen kommt nur eine „okkasionelle", das heißt eine „gelegentliche" Mitwirkung zu, eine sozusagen beiläufige Rolle als Verursacher. Gott ist der Schöpfer und der Urheber aller Sinneswahrnehmungen und Vorstellungen. Malebranche schreibt: „Wir sehen alle Dinge in Gott." Die Vernunft identifiziert er mit dem göttlichen Logos. Dies impliziert, dass das Vermögen der Vernunft weitaus wichtiger ist als der Glaube. Malebranche erhält vielfachen Widerspruch seitens berühmter Theologen und Philosophen seiner Zeit.

In seinem Hauptwerk werden Probleme der Erkenntnis mit religiösen und religionsphilosophischen Betrachtungen verbunden. Wer nicht auf beste Weise zu leben vermag, verfehlt auch das ewige Heil. Grundlegend hierfür ist ein Versäumnis in Fragen der Erkenntnis. Die „Ursache des Elends des Menschen" und zugleich der „Ursprung alles Bösen in der Welt" liegt im Irrtum begründet. Die „wahre und dauerhafte Glückseligkeit" erlangen wir erst, sobald wir lernen, die Übel in unserer Seele zu bekämpfen. Malebranche bezweifelt, dass sich die Menschen dauerhaft von diesen Übeln werden lösen können. Indessen hält er es für ratsam, dass die Menschen sich wenigstens versuchsweise auf den Weg zu einer solchen Reinigung der Seele begeben. So können sie manchem Leid, aber nicht allen Übeln entgehen: „Eine vollkommene Glückseligkeit steht in diesem Leben nicht bevor, weil wir auf Untrüglichkeit keinen Anspruch machen dürfen: Wir müssen aber doch ohne Aufhören daran arbeiten, da wir einmal unseres Elends so gern entledigt sein wollen, uns nicht selbst zu betrügen. Überhaupt wie man ein jedes Glück schon sehnlich begehrt, wenn man es auch nicht gewiss erwarten kann, so muss man auch mit allen Kräften nach Unfehlbarkeit trachten, ohne zu glauben, man würde sie erlangen."

Die „Untersuchung der Wahrheit" fällt leicht. Es genügt, „klaren Vorstellungen" zu folgen und auf die „Genauigkeit im Urteilen" zu achten. Das Vergnügen an der Erkenntnis entschädigt für alle Mühe. Malebranche stellt fest, dass der Verstand nicht urteile, sondern die Gegenstände nur vorstelle. Urteile und Schlussfolgerungen bezeichnet er gleichermaßen als Vorstellungen. Der menschliche Wille urteilt und ist zugleich die Quelle der Irrtümer.

Um die Denkakte des Verstandes darzulegen, wählt der Philosoph ein Beispiel aus der Mathematik. Wenn wir zwei mit zwei multiplizieren und sagen, dies sei vier, so ist dies nicht mehr als eine einfache Vorstellung. Malebranche schreibt: „Wenn wir urteilen, zwei mal zwei ist vier oder zwei mal zwei ist nicht fünf, so tut der Verstand noch nichts anderes, als dass er sich das Verhältnis vorstellt der Gleichheit zwischen zwei mal zwei und fünf. Das Urteil auf Seiten des Verstandes besteht lediglich in der Vorstellung des Verhältnisses zweier oder mehrerer Dinge unter sich – ein Schluss ist die Vorstellung des Verhältnisses nicht zweier oder mehrerer Dinge gegeneinander (denn sonst wäre er nur ein Urteil), sondern der Beziehung, welche zwei oder mehr Verhältnisse zweier oder mehrerer Dinge aufeinander haben." Der Verstand, so führt Malebranche aus, beschäftige sich allein mit den Vorstellungen des Verhältnisses von Begriffen. Er formuliert dazu deutliche und klare Ideen. Wird beispielsweise das Verhältnis der Zahlen sechs und zwei zueinander in Beziehung gesetzt, so wird es mit zwei benannt.

Wie verhält es sich mit dem Willen? „Der Wille hingegen urteilt und schließt und beruhigt sich freiwillig mit dem, was ihm der Verstand vorstellt." Urteile und Schlussfolgerungen werden vom Willen bestimmt. Wenn die Problematik geklärt ist, wie bei den aufgeführten mathematischen Beispielen, fällt es leicht zu urteilen. Bei schwierigen Fragen besteht oft noch ein hohes Maß an „Dunkelheit". Man muss sich dort so lange mit Urteilen zurückhalten, bis der Verstand die gegebene Problematik durchschaut. Malebranche gelangt von einfachen Erkenntnisproblemen zu der Schwierigkeit, das Gute in der Welt zu erblicken und zu beurteilen. Er schreibt: „In unserem gegenwärtigen Zustande erblicken wir oft eine Wahrheit, ohne darüber die geringste Ursache des Zweifelns zu unterhalten, und dann ist freilich der Beifall, den wir ihrer Evidenz geben, nicht gleichgültig; ganz anders verhält es sich mit dem Guten in der Welt, in welcher wir keines kennen, wo wir nicht einiges Bedenken hätten, ob wir es auch lieben sollen. Unsere Leidenschaften und der natürliche Hang zu allen sinnlichen Vergnügungen bleiben zwar ein nur dunkler, aber doch sehr starker Grundtrieb für unsere verdorbene Natur, sogar kalt und gleichgültig in der Liebe zu Gott zu werden. Wir fühlen unsere Gleichgültigkeit und empfinden es, dass wir unsere Freiheit gebrauchen, wenn wir Gott lieben." Sofern wir der Wahrheit einer Sache beistimmen, wird uns der Gebrauch der Freiheit gar nicht erst bewusst. Die Einsicht in das Evidente wird nicht von Beifall begleitet.

Malebranche macht eine Unterscheidung. Der „Beifall des Willens zur Wahrheit" und die „Beistimmung zum Guten" sind grundsätzlich verschieden. Wir nehmen Wahrheit und Güte ganz unterschiedlich wahr: „Die Güte geht uns näher an und rührt uns – die Wahrheit rührt uns nicht. Die Wahrheit besteht in dem Verhältnis zweier oder mehrerer Dinge untereinander, die Güte aber in dem Verhältnis der Ähnlichkeit, nach der uns die Dinge selbst angenehm scheinen." Bei der Entscheidung über die Wahrheitsfrage muss einzig die „Vorstellung des Verhältnisses der Dinge" gebilligt werden. Die Güte erfordert zwei Handlungen. Der Wille muss die Beziehung, die die Dinge im Verhältnis zueinander auf uns haben, billigen – und er muss die Sache selbst lieben und danach streben. Der Beifall und die Liebe zu dem, was die Seele als gut anerkennt, bleiben voneinander verschieden. Im Zustand „unvollkommener Erkenntnis" erweist sich die Freiheit zur Gleichgültigkeit als „schlechterdings notwendig": „Eine solche Notwendigkeit wird man einsehen lernen, wenn man auf den natürlichen Hang zur Wahrheit und Güte aufmerksam ist. Der Wille, da er nur die Dinge wählt, von welchen der Verstand Erkenntnis hat, wird nun immer das wählen müssen, was den bloßen Schein der Wahrheit und der Güte trägt. Da nun aber nicht alles Wahrheit und Güte ist, was es zu sein scheint, so ist es augenscheinlich, dass der Wille, wenn er nicht frei, sondern gezwungen wäre, schlechterdings alles zu ergreifen, was wahr und gut scheint, sich beinahe ständig betrügen, dass also der Urheber seines Wesens auch der Urheber aller seiner Irrtümer sein würde."

Gott, so schreibt Malebranche, schenkte uns die Freiheit, damit wir nicht nach Wahrscheinlichkeit, sondern nach Wahrheit streben, den Irrtum und alle Übel, die aus ihm herrühren, vermeiden, den Verstand ausbilden und beschäftigen, bis wir die Gegenstände untersucht haben und das Feld der Erkenntnis so weit erkundet ist, dass es künftig keinerlei Forschens mehr bedarf: „Den besten Gebrauch von unserer Freiheit werden wir alsdann machen, wenn wir sie so oft und so stark gebrauchen, als wir können; das heißt, wenn wir keiner Sache eher unseren Beifall geben, bis wir nicht durch die innere Einwilligung unserer Vernunft dazu gleichsam gezwungen werden." Wer sich damit begnügt, allein den „verführerischen Schein der Wahrheit" zu ergreifen, der macht sich selbst zu einem „Sklaven" und setzt sich der „Absicht Gottes" entgegen. Der Mensch indessen, welcher der „Stimme der ewigen Wahrheit" gehorcht, bewahrt seine Treue gegenüber den „geheimen Aufforderungen seiner Vernunft". Malebranche leitet aus diesen Reflexionen zwei Regeln ab, die für die Moral und für die Wissenschaft in gleicher Weise gültig sein sollen. Die erste Regel lautet: „Gib keinem Satz deinen gänzlichen Beifall eher, als wenn er dir so evident und wahr scheint, dass du ihm denselben nicht versagen kannst, ohne innerlichen Kummer und geheime Selbstbestrafung deiner Vernunft zu fühlen." Die zweite Regel bezieht sich auf den Bereich der Liebe. Gott ist der höchste Anlass und das Ziel aller Liebe. Man kann nichts lieben, wenn man nicht Gott liebt. Wer ihm seine Liebe verweigert, lebt in tiefer Unruhe und spürt, dass es böse ist, Gott nicht zu lieben. Malebranche schreibt zudem, er nehme an, dass ein jeder sich vorab auf dem Weg der Vernunft oder des Glaubens von Gottes Dasein überzeugt habe. Die zweite Regel formuliert er auf folgende Weise: „Liebe schlechterdings kein Gut eher, als bis du ihm deine Liebe ohne Gewissensbisse nicht entziehen kannst."

1683 publiziert Malebranche die „Christlich-metaphysischen Betrachtungen", in denen er philosophisch-theologische Fragestellungen diskutiert und den Okkasionalismus weiter ausarbeitet. Erkenntnis begreift Malebranche als ein „Schauen in Gott". Neben zahlreichen Abhandlungen zur Ethik erscheint 1697 der „Traktat über die Gottesliebe". In dieser Schrift untersucht Malebranche den Liebesbegriff in seiner Vielschichtigkeit. Gott liebt vollkommen, der Mensch, entsprechend seinem Status als Geschöpf, auf unvollkommene Weise. Die Liebe des Menschen zu Gott ist niemals frei von eigennützigen Erwägungen.

Nicolas Malebranche starb am 13. Oktober 1715 in Paris. Die Philosophen der Aufklärungszeit, von Montesquieu bis Rousseau, bezeugen ihm großen Respekt aufgrund seiner entschlossenen Verteidigung der Vernunft.

Blaise Pascal

Blaise Pascal, geboren am 19. Juni 1623 in Clermont-Ferrand, Mathematiker und Philosoph, theologisch gebildet, mit den Naturwissenschaften vertraut, warf die Fragen nach der Vereinbarkeit von Glaube und Vernunft und nach der Stellung des Menschen in der Welt in neuer, existenzieller Schärfe auf. Er stritt wider die Philosophie auf philosophischem Weg. Er publizierte moralische Betrachtungen, in welchen er die Stumpfheit und die Leere des menschlichen Daseins zwischen eitler Vergnügungssucht und hemmungsloser Leidenschaft anprangerte und deutlich diese als Fluchten aus der Angst vor Einsamkeit kritisierte: „Alles Unglück in der Welt kommt daher, dass man nicht versteht, ruhig in einem Zimmer zu sein." Die Furcht vor aufrichtiger Selbsterkenntnis und die Sorge, sich das unaufhebbare Elend der menschlichen Existenz überhaupt vor Augen zu führen, münden in eine verzweifelte Lebenshaltung. Der Mensch gelangt in die Beliebigkeit der Zerstreuung. Auf dem Weg der Erkenntnis indessen, so legt Pascal dar, staunt der Mensch nicht allein, er erschaudert vor sich selbst, wenn er sich als Lebewesen begreift, das die Natur zwischen zwei Unendlichkeiten gestellt hat. Denn der Mensch steht „zwischen den beiden Abgründen des Unendlichen und des Nichts". Verwandelt sich seine Neugierde in Bewunderung, so wird er in Stille darüber meditieren und sich scheuen, diese Abgründe voll Anmaßung zu erforschen: „Denn was ist zum Schluss der Mensch in der Natur? Ein Nichts vor dem Unendlichen, ein All gegenüber dem Nichts, eine Mitte zwischen Nichts und All. Unendlich weit entfernt von dem Begreifen der äußersten Grenzen, sind ihm das Ende aller Dinge und ihre Gründe undurchdringlich verborgen, unlösbares Geheimnis; er ist gleich unfähig, das Nichts zu fassen, aus dem er gehoben, wie das Unendliche, das ihn verschlingt."

Blaise Pascal interessierte sich zunächst für Mathematik. Schon im Alter von 16 Jahren veröffentlichte er eine Abhandlung über Kegelschnitte. Drei Jahre später entwickelte er eine Rechenmaschine. Pascal dachte unausgesetzt über mathematische Probleme nach. Die allmähliche Ablösung dieser Interessen durch philosophische Fragestellungen setzte nach und nach ein. Aus dem Jahr 1647 stammt der „Entwurf einer Einleitung zu einer Abhandlung über das Vakuum". In diesem Text werden theologische und philosophische Probleme differenziert. In der Theologie akzeptiert Pascal die „Autorität der Überlieferung". Da der Geist des Menschen aus eigenem Vermögen zu schwach sei, die Grundlagen der Natur und der Vernunft zu übersteigen und Erkenntnisse transzendenter Art zu sammeln, kann er zu den „erhabenen Einsichten" einzig gelangen, wenn Gott ihn führt. Die Sphäre der Erfahrungswissenschaft bedarf nicht der Autorität der Kirchenväter oder biblischer Texte. Hier gilt einzig die menschliche Vernunft als Richtschnur, ja es besteht ein Feld „völliger Freiheit". In den Bereichen Geometrie, Arithmetik, Musik, Physik, Medizin und Architektur finden Fortschritt und Erweiterung der Erkenntnis den ihnen gemäßen Raum. Ein allmählicher Prozess der Vervollkommnung führt zu neuen Möglichkeiten in diesen Gebieten der Wissenschaft. Zugleich darf die Euphorie hierfür nicht dazu führen, die Aussagen der Theologie mit den Mitteln der Vernunft zu kritisieren. Pascal bezeichnet es als gefährlichen Missbrauch, wenn die „Ordnung der Wissenschaften" auf diese Weise verkehrt wird, dass die Heilige Schrift und die Kirchenväter nunmehr aus vermeintlichen Vernunftgründen ungemäß kritisiert werden, als ob die Methode des Experiments, die in der Physik einzig sinnvoll ist, für alle Bereiche menschlichen Lebens gültig sei. Die „neuen Meinungen" in der Theologie hält er für eine Form der geistigen Verwirrung. Theologie und andere Wissenschaften sind scharf voneinander zu trennen: „Die Aufklärung über diesen Unterschied wird uns die Blindheit der Menschen beklagen lassen, die in der Physik allein die Überlieferung an Stelle der Überlegung der Vernunft oder des Experimentes gelten lassen wollen, und sie soll uns Schrecken einjagen ob des Unrechts jener, die in der Theologie die Überlegung der Vernunft an Stelle der Überlieferung der Schrift und der Kirchenväter anwenden. Man muss den Mut der Ängstlichen stärken, die in der Physik keine Entdeckungen zu machen wagen, und zugleich die Vermessenheit jener Leichtfertigen zuschanden machen, die in der Theologie Neuerungen erfinden."

Die anthropologische Fragestellung – „Was ist der Mensch?" – wird zum Zielpunkt seines Forschens. Pascal schreibt: „Es ist eine übernatürliche Verblendung, zu leben, ohne danach zu suchen, was man ist." Das Bemühen um philosophische Erkenntnis tritt jedoch wieder zurück, es bleibt leer und öde ohne die Antwort des Glaubens. Pascal verzeichnet mehrere Erlebnisse persönlicher Offenbarungen. Ein ganz besonderes dieser Art fand am 23. November 1654 statt. Pascal war am Tag zuvor auf einer Kutschfahrt verunglückt. Während die Kutsche über eine Brücke fuhr, scheuten die Pferde, und die Kutsche stürzte hinab in die Tiefe. Pascal wurde auf die Straße geschleudert und blieb unverletzt. In der darauf folgenden Nacht hatte er eine Christusvision. Von da an trug Blaise Pascal einen Zettel mit sich, den er in seinen Mantel einnähte. Auf diesem stand geschrieben: „Gott Abrahams, Gott Isaaks, Gott Jakobs, nicht der Philosophen und Gelehrten." Dieses einprägsame mystische Erlebnis führte zu Reflexionen über Fragen des Glaubens. Pascal begann zugleich, sich mit den Jesuiten auseinander zu setzen. Er verfasste die „Pensées". In diesem Werk finden sich zahlreiche Betrachtungen über Philosophie und Glaube, basierend auf der Voraussetzung: „Der Mensch ohne Gott existiert in der Unwissenheit über alles."

Pascal führt den Gedanken der „logique du coeur" ein, die „Logik des Herzens". Die Erkenntnis der Wahrheit ist nicht auf die Vernunft begrenzt. Die „urteilende Vernunft" versucht, auf dem Weg einer grundsätzlichen Skepsis, die vom Herzen bestimmte Einsicht in die „ersten Prinzipien" zu bekämpfen. Raum, Zeit, Bewegung, die Zahlen sind uns gewiss wie alle Schlussweisen der Vernunft. Der Mensch muss sich auf das „Wissen des Herzens" und des Instinkts stützen: „Das Herz spürt, dass es drei Dimensionen im Raum gibt und dass die Zahlen unendlich sind, während die Vernunft nachher beweist, dass es nicht zwei Quadratzahlen gibt, von denen die eine das Doppelte der andern ist. Die Prinzipien lassen sich erfühlen, die Lehrsätze lassen sich erschließen, und beides mit Sicherheit, obgleich auf verschiedene Weise." Es wäre sinnlos, „Beweise", gleich welcher Art, für die „ersten Prinzipien" zu fordern. Ebenso wenig wie die Vernunft vom Herzen eine Zustimmung mit „Gefühl" für ihre Lehrsätze erfordern wird. Die Vernunft muss sich demütig fügen, wenn sie sich aufschwingen möchte, über schlechthin alles zu urteilen. Denn dazu ist sie außerstande. Das „Wissen des Herzens" ist begrenzt. Der „Glauben" ist ein „Gefühl des Herzens", doch wer von Gott den „Glauben" geschenkt bekommen hat, ist auf eine tiefe Weise, die die Vernunft übersteigt, „sehr glücklich": „Das Herz hat seine Ordnung; der Geist hat die seine, die besteht in Grundsätzen und Beweisen. Das Herz hat eine andere. Man beweist nicht, dass man uns lieben solle, durch geordnete Darlegung der Ursachen der Liebe, das würde lächerlich sein. Jesus Christus, Paulus folgen der Ordnung der Gottesliebe, nicht der des Geistes; sie wollten nicht unterrichten, sondern entzünden; ebenso Augustinus: Diese Ordnung besteht hauptsächlich darin, dass man bei jedem Punkt ausführlich ist, der in Bezug zu dem Ziel steht, um immer darauf zu weisen."

Pascal unterscheidet den „Geist der Geometrie" vom „Geist des Feinsinns". Mathematische Gesetzmäßigkeiten bestehen unabhängig vom Alltagsverstand. Nahezu unmöglich ist es, schreibt Pascal, dass sie uns, einmal eingesehen, „entschlüpfen" – nur dem „völlig verkehrten Verstand" widerfährt solches – oder dass wir in diesen Fragen „falsch schließen". Die „Prinzipien des Feinsinns" hingegen sind allgemein gebräuchlich und allgegenwärtig: „Man braucht sich weder nach ihnen umzuwenden noch sich Gewalt anzutun, man braucht nur ein gutes Auge, das aber muss gut sein, denn die Prinzipien sind so verstreut, und es gibt ihrer so viele, dass es fast unmöglich ist, keines zu übersehen. Nun, lässt man eines der Prinzipien fort, so führt das zum Irrtum, also muss man einen sehr sicheren Blick haben, um alle Prinzipien zu sehen, und alsdann den rechten Verstand, um nicht Falsches anhand bekannter Prinzipien zu folgern."

Feinsinnige Menschen sind zumeist keine Mathematiker, so wie sich auch die Mathematiker hinsichtlich der Feinsinnigkeit talentlos erweisen. Ihnen fehlt die nötige Sensibilität. Die geometrische Abhandlung über Fragen des Feinsinns scheitert notwendig. Wünschenswert wäre es, führt Pascal aus, dass die Mathematiker über „gute Augen" verfügten, denn entsprechend könnten sie mit Hilfe der Prinzipien, die ihnen vertraut sind, urteilen und verfügten zugleich über den Feinsinn, um sich mit all jenem zu beschäftigen, das außerhalb der Sphäre der Mathematik liegt. Doch auch die Feinsinnigen scheinen außerstande zu sein, ihrerseits sich an die „ungewohnten Grundsätze" zu gewöhnen, die den Mathematikern gänzlich einleuchten: „Der Grund, dass gewisse feinsinnige Menschen keine Mathematiker sind, ist, dass sie völlig unfähig sind, sich den Prinzipien der Geometrie zuzuwenden; der Grund aber, dass Mathematiker nicht feinsinnig sind, ist, dass sie hier nicht sehen, was vor ihnen liegt, und dass sie, gewöhnt an die deutlichen und gröberen Prinzipien der Geometrie, nur urteilen, nachdem sie die Prinzipien sich deutlich gemacht und angewandt haben, so dass sie sich im Gebiete des Feinsinns verirren, wo sich die Prinzipien nicht derart anwenden lassen."

Mathematiker verfügen über einen klaren Verstand, aber nur, insofern sie sich mit Prinzipien und Definitionen behelfen können, um das vorliegende Problem zu erklären. Ausschließlich prinzipientreu vermögen sie geordnet zu denken. Die Feinsinnigen hingegen sind ungeduldig, da sie nicht durch geduldige Arbeit bis zu den ersten Prinzipien vordringen, denen sie in der Welt ihrer Erfahrung niemals begegnet sind, noch je begegnen werden. Feinsinnige Mathematiker und mathematisch begabte Feingeister können wir uns offenbar schwer vorstellen. In der Wirklichkeit sind sie äußerst selten anzutreffen. Pascal zeigt nicht allein eine überzeichnete Typologisierung der beiden Verhaltensmuster und Charaktere auf, er benennt zugleich auch die scheinbar unversöhnlichen Gegensätzlichkeiten, mit welchen wir beständig konfrontiert sind. So wie die mathematische Zugangsweise im Bereich der alltäglichen Erfahrung versagt und den prinzipienorientierten Denker wie einen entrückten, harmlosen und vielleicht ein wenig trotteligen Menschen erscheinen lässt, so bleibt der vornehmlich emotional agierende, vielleicht auch weltgewandte feinsinnige Zeitgenosse zwar gänzlich in der Sphäre des Alltäglichen zu Hause, in welcher er sich zu orientieren weiß, er scheitert aber an der Ergründung komplexer Zusammenhänge, die sich der Mathematiker doch wie selbstverständlich erschließen kann.

Blaise Pascal hat stets – hierfür ist er berühmt geworden – das Herz ins Zentrum der Betrachtung gerückt und als dasjenige im Menschen beschrieben, das zu Gott hinführt. Auf dem Weg der Liebe geschieht das Unbegreifliche: „Das Herz hat seine Gründe, die die Vernunft nicht kennt, das erfährt man in tausend

Fällen. Ich behaupte, dass das Herz von Natur das allumfassende Wesen und sich selbst natürlich liebt, je nachdem, wem es sich hingibt, und es verschließt sich gegen den einen oder den andern, je wie es wählte. Den einen habt ihr abgewiesen, den andern bewahrt; ist die Vernunft der Grund, dass ihr euch selbst liebt? Es ist das Herz, das Gott spürt, und nicht die Vernunft. Das ist der Glaube: Gott spürbar im Herzen und nicht in der Vernunft." Es genügt nicht, sich um die Erkenntnis Gottes zu bemühen. Blaise Pascal setzt hinzu, dass es entscheidend sei, Gott zu lieben. Das eigentliche Versäumnis liegt in einem unabweisbaren Mangel an Selbsterkenntnis. Der Mensch lebt in Zerstreuungen, er sucht, was ihn ablenkt, ohne über das nachzusinnen, was ihm in der Welt begegnet. So jagen Menschen Bällen und Hasen nach, die einfachen genauso wie die mächtigen unter ihnen. Es ermangelt ihnen weder an Reflexionsvermögen noch an der Zeit, den forschenden Blick auf das eigene Selbst zu lenken. Der hochmütige Mensch vermag nicht die Wahrheit zu finden, die sein Leben trägt und hält. Auch die Sittlichkeit, um welche er sich doch bemühen könnte, gerät in Vergessenheit.

Resigniert und ernüchtert beklagt Pascal die Abdankung der Vernunft und den Triumph der Einbildung. Deren Kennzeichen ist eine „spaßhafte Vernunft, die ein Wind biegt, nach jeder Richtung". Der Philosoph schaut voller Hohn auf die „Amtspersonen" und „ihr Pelzwerk, in das sie sich wie ausgestopfte Katzen hüllen", auf die Juristen mit „viereckigen Hüten" und weiten, vierteiligen Gewändern: „Besäßen sie die Wahrheit und die Gerechtigkeit, dann hätten sie viereckige Hüte nicht nötig, die Würde dieser Wissenschaften würde an sich selbst verehrungswürdig genug sein. Da sie aber nur wahngebildetes Wissen besitzen, sind sie zu diesen eitlen Hilfsmitteln gezwungen, um die Einbildung jener zu wecken, mit denen sie zu tun haben, und wirklich schaffen sie sich dadurch Achtung." Der Mensch verkümmert, geht überflüssigen Beschäftigungen nach. Unerträglich ist ihm

Leidenschaftslosigkeit und „völlige Untätigkeit". Er mag es nicht, „ohne Leidenschaft, ohne Geschäfte, ohne Zerstreuungen, ohne Aufgabe zu sein". Gebannt wird er von Trauer und Verdruss, spürt Nichtigkeit, Verlassenheit und Ungenügen, verzweifelt in der Ödnis des schier unendlichen Nichts seines kargen Daseins.

Mit so vielem beschäftigt sich der Mensch, statt sich an Gott auszurichten: „Der Mensch ist offenbar zum Denken geschaffen, das ist seine ganze Würde und sein ganzes Verdienst; und es ist seine ganze Pflicht, richtig zu denken. Nun, die Ordnung des Denkens fordert, dass man mit sich selbst beginne, und zwar mit seinem Schöpfer und mit seinem Ende. Nun, woran denken die Menschen? Daran nie, sondern an Tanzen, Laute spielen, Singen, Dichten, Ringe stechen usw. und daran, sich zu schlagen, sich zum König zu machen, ohne nachzudenken, was es ist, König zu sein, und was es ist, Mensch zu sein." Vom Koch bis zum Trossknecht, vom Tagedieb bis zum Philosophen streben alle nach Ruhm, wollen bewundert sein, verehrt, anerkannt, wenigstens gelesen. Es genügt ihnen nicht, einen Gedanken zu haben, sie wollen für diesen auch bestaunt werden: „Sorglos eilen wir in den Abgrund, nachdem wir etwas vor uns aufgebaut haben, was uns hindert, ihn zu sehen."

Der Mensch bekümmert sich nicht um die Lage, in der er sich befindet, aber wäre nicht gerade dies wichtiger als alles andere, womit er seine dahineilende Zeit zubringt? Er fürchtet nicht die Ewigkeit, nicht den Verlust des Lebens, nicht die „Gefahr ewigen Elends": „Sie verhalten sich völlig anders, sie haben Furcht selbst vor dem Harmlosesten, sie sehen die Gefahr voraus, sie spüren sie. Und eben der gleiche Mensch, der Tag und Nacht in Kummer und Verzweiflung verbringt, weil er eine Stellung verloren oder weil man angeblich seine Ehre kränkte, ist eben der gleiche, der, ohne sich zu beunruhigen oder sich aufzuregen, weiß, dass er alles durch den Tod verlieren wird. Es ist ungeheuerlich, dass man in ein und demselben Herzen gleichzeitig diese Empfindlichkeit für das Nichtigste und diese rätselhafte Unempfindlichkeit für das Höchste findet."

Pascal wandte sich gegen den Atheismus. Die Gewissheit derer, die die Auferstehung bestreiten, fasste er als Zeichen unabweisbarer Torheit auf. Als Ursache hierfür nannte er die zwar verständliche, volkstümliche, aber auch ignorante Verkürzung auf das gewöhnliche Denken in altbekannten Gewohnheiten: „Mit welchem Recht sagen sie, dass man nicht auferstehen könne? Was ist schwieriger: dass etwas entsteht, was vorher nicht war, oder dass aufersteht, was vorher gewesen ist? Ist es schwieriger: in das Sein zu treten, als dorthin wiederzukehren? Die Gewohnheit macht uns das eine leicht, und der Mangel an Gewohnheit, dass uns das andere unmöglich erscheint: das heißt, wie das Volk urteilen."

Die Glaubenslosigkeit hielt Pascal für nahezu skandalös. Unbegreiflich ist ihm, dass die Menschen, die das Licht nicht sehen, einen starken, aber doch begrenzten Geist besitzen und einfach dem Unglauben anheim fallen, aus Trägheit, Genügsamkeit und Gleichgültigkeit gegenüber der Wahrheit. Der Philosoph empfiehlt einen einfachen Glauben, aus der Demut des Herzens erfolgend, leicht und schwerelos, im Gefühl verankert, da das ausschließliche Vertrauen auf die Vernunft in diesem Bereich zu einer fortgesetzten Verwirrung führt, da sie Bedenken hegt, neue Momente aufspürt, in Zweifel geraten lässt und verunsichert. Es empfiehlt sich nicht, die Vernunft auszuschließen. Genauso töricht sei es, nichts als sie gelten lassen zu wollen: „Man muss einen leichteren Glauben haben, und das ist der, der in die Gewohnheit eingeht, der uns zwanglos, kunstlos, ohne Beweise glauben lässt und unsere ganze Vernunft unter diesen Glauben beugt, so dass unsere Seele ihm völlig natürlich zufällt."

Nur der gläubige Mensch vermag, nach Pascals Auffassung, wahrhaft glücklich zu leben: „Drei Arten von Menschen gibt es: die einen, die Gott dienen, weil sie ihn gefunden haben; die andern, die bemüht sind, ihn zu suchen, weil sie ihn nicht gefunden haben; die dritten, die leben, ohne ihn zu suchen und ohne ihn gefunden zu haben. Die ersten sind vernünftig und glücklich, die letzteren sind töricht und unglücklich, die dazwischen sind unglücklich und vernünftig."

Die Würde des Menschen sieht Pascal in der Denkfähigkeit verankert. Ein „Schilfrohr" ist er, leicht zu zerbrechen, aber das Bewusstsein seiner selbst und seiner Sterblichkeit hebt ihn über die Macht der Vergänglichkeit, die ihn, wie blinde Naturgewalt, vernichten kann, hinaus: „Unsere ganze Würde besteht also im Denken, an ihm müssen wir uns aufrichten und nicht am Raum und an der Zeit, die wir doch nie ausschöpfen werden. Bemühen wir uns also, richtig zu denken, das ist die Grundlage der Sittlichkeit." Gut nennt Pascal allein das Mäßige. Wer ein mittleres Maß beim Handeln erreicht, tut das Rechte. Wer die Mitte verlässt, verlässt die Menschlichkeit. Er entäußert sich seiner selbst, wird hochmütig und gibt den ihm zukommenden Platz auf.

Auch spricht Pascal über das Urteilen. Junge wie alte Menschen urteilen nicht gut, schreibt er. Weder ein Zuviel noch ein Zuwenig an Reflexion ist zuträglich. Beides führt dazu, dass man sich verbeißt, erhitzt und voreingenommen oder verschlossen ist. Die Größe des Menschen liegt im Bewusstsein seines Elends: „Die Größe des Menschen ist groß, weil er sich als elend erkennt. Ein Baum weiß nichts von seinem Elend. Also: Elend ist nur, wer sich als elend kennt; aber nur das ist Größe, zu wissen, dass man elend ist." Statt in Bezug auf sich selbst, auf sein eigenes Maß zu leben, soll der Mensch im Blick auf die Wahrheit sein Dasein bestimmen: „Wir wünschen die Wahrheit, und wir finden in uns nur Ungewissheit. Wir suchen das Glück, und wir finden nur Elend und Tod. Wir sind unfähig, Wahrheit und Glück nicht zu wünschen, und sind der Gewissheit und des Glückes nicht fähig. Dieser Wunsch bleibt uns von dort, von wo wir gefallen sind, sowohl uns zu bestrafen als um es uns fühlen zu lassen." Weiterhin schreibt er: „Wenn der Mensch nicht für Gott geschaffen wurde, warum ist er dann nur in Gott glücklich? Wenn der Mensch für Gott geschaffen wurde, weshalb ist er dann so im Widerspruch zu Gott?"

Blaise Pascal war zeitlebens schwer krank. Seit seinem zwanzigsten Lebensjahr bewegte er sich mühevoll und unter Schmerzen auf Krücken. Er litt an Konzentrationsschwäche und Gedächtnisverlust. Der fragmentarische Charakter seiner „Pensées" zeigt dies deutlich.

Pascal war ein Gottsucher von Jugend an. Der bekehrte Mathematiker, der strenge Moralist glaubte fest, dass dieser sich ihm letztlich gezeigt hatte. 1654 empfand er als das „Jahr der Gnade". Er sprach von einem „FEUER", das ihn von halb zehn am Abend bis nach Mitternacht an jenem bereits erwähnten 23. November erfüllte: „Gott Abrahams, Gott Isaaks, Gott Jakobs, nicht Gott der Philosophen und Gelehrten. Gewissheit, Gewissheit, Empfinden: Freude, Friede. Gott Jesu Christi … Nur auf den Wegen, die das Evangelium lehrt, ist er zu finden … Ich habe mich von ihm getrennt, ich habe ihn geflohen, mich losgesagt von ihm, ihn gekreuzigt. Möge ich nie von ihm geschieden sein." Fortan bestand Pascals Leben in der willentlichen, dankbaren und ergebenen Unterordnung unter „Jesus Christus und meinen geistlichen Führer".

Die Grenzen der menschlichen Vernunft aufzuweisen war ihm gelungen. Die intuitive Erkenntnis, die den Feinsinnigen eigen ist, setzte er ins Recht. Psychologische Einsichten in die Verfasstheit des Menschen vermitteln seine Fragmente, die philosophischen Betrachtungen ruhen auf dem Fundament des christlichen Glaubens. Die Verkehrtheit des menschlichen Herzens, seine Verderbtheit und Schwäche, machte Pascal in seinem Schrifttum sichtbar. Als Erbsünde begriff er die Abwendung von Gott. Statt Gott in sich aufzunehmen, ist der Mensch im Herzen einzig mit sich selbst beschäftigt. Er überhöht sich, er lebt für ein übesteigertes Ich in vollkommener Maßlosigkeit. Der Sprung in den Glauben war für Pascal ein Leichtes, nur was soll ein Mensch tun, der nicht oder noch nicht zu glauben vermag? Pascal hielt Ratschläge für eine solche Lebensweise bereit: Er kann asketisch leben, seinen Hochmut überwinden, die Knie beugen, Messen lesen lassen und all das äußerlich erfüllen, was ein gläubiger Mensch auch tut. Mehr kann der Mensch von sich aus nicht leisten, Gott muss ihn erst berühren. Hierzu muss sich der Mensch von allem Dünkel lösen, sein Leben neu ausrichten. Wenn Gott das Herz berührt, spürt er die Wahrheit, die er mit seinem Verstand nicht zu fassen weiß. Philosophieren mit Pascal führt auf den Weg des Glaubens: „Der letzte Schritt der Vernunft ist es, anzuerkennen, dass es eine Unendlichkeit von Dingen gibt, die sie übersteigen."

Pascal betete oft in kleinen Pariser Kirchen, kniete vor Reliquienschreinen, litt Qualen, führte noch Auseinandersetzungen im Jansenismus-Streit. Der Philosoph spürte, dass sein Ende unaufhaltsam nahte. Er hatte sich noch zehn Jahre gewünscht, um seine Reflexionen auszuarbeiten. Aufgrund der Querelen mit der Kirche wurde dem todkranken Philosophen zunächst die Kommunion verweigert. Pascal erwiderte, in diesem Fall solle man ihn, den Sterbenden, zu den Ärmsten der Armen bringen. Er trug bis zuletzt einen Gürtel aus spitzen Nägeln rund um seinen Leib. Blaise Pascal starb, schließlich doch mit den Sterbesakramenten versehen, am 19. August 1662 im Alter von 39 Jahren an einem Magenleiden.

Baruch de Spinoza

Am 24. November 1632 wurde Baruch de Spinoza geboren. Er entstammte einer Familie spanischer Juden. Seine Eltern waren aus Portugal nach Amsterdam emigriert. Sein Vorname – er trug diesen, wie damals üblich, in latinisierter Form: „Benedictus" – bedeutet übersetzt: „der Gesegnete". Baruch de Spinoza verbrachte seine Kindheit und Jugend in der jüdischen Gemeinde von Amsterdam. Er wurde mit der jüdisch-spanischen Kultur vertraut, wie sie im niederländischen Exil fortbestand. Spinoza studierte philosophische Abhandlungen, lernte Hebräisch, las im Talmud und galt schon in jungen Jahren als Kenner der spanischen Literatur. Die jüdische Gemeinde hoffte, in ihm einen künftigen Gelehrten für die Synagoge gewinnen zu können. Doch Spinoza sonderte sich ab. Mit 24 Jahren wurde er aus der Gemeinde ausgeschlossen.

Spinoza führte ein einfaches, geordnetes Leben: „Der Rock macht nicht den Mann. Wozu eine kostbare Hülle für ein wertloses Ding." Geld gab er für Bücher aus. Er lebte zur Miete. Nachdem er 1656 Amsterdam verlassen hatte, fand er in einem ländlichen Gebiet vor der Stadt für vier Jahre eine Bleibe. 1660 zog er in die Nähe von Leiden, 1663 nach Voorburg. 1669 übersiedelte Spinoza nach Den Haag. Gemeinschaft und geistige Verbundenheit mit seinen Zeitgenossen fand er durch einen weitläufigen Briefwechsel. Auch begegnete Spinoza der Christengemeinschaft der Collegianten, die ohne jeden Missionseifer den abtrünnigen Juden zu Gesprächen in Freundschaft bei sich aufnahmen. Spinoza wollte ausschließlich in der Wahrheit leben. Dies war für ihn gleichbedeutend mit dem Sein in Gott. Spinoza drängte seine Lehre niemandem auf: „Ich lasse jeden nach seinem Sinne leben, und wer will, der möge immer für sein Glück sterben, wenn ich nur für das Wahre leben darf." Im Blick auf seine Philosophie bemerkte er: „Ich erhebe nicht den Anspruch, die beste Philosophie gefunden zu haben, sondern ich weiß, dass ich die wahre erkenne." Er untersagte, die von ihm verfassten Werke mit seinem Namen zu bedrucken. Die Wahrheit ist unpersönlich, ganz gleichgültig also, wer ausspricht, was wahr ist.

Spinozas Philosophie ist pantheistisch geprägt. Gott setzt die

Natur in Bewegung. Die Natur bewegt sich selbst. Also entstammen die Bewegungen wiederum der Natur, die zudem über das Charakteristikum der Denkfähigkeit verfügt. Wer dies konsequent weiterdenkt, realisiert sogleich, dass die Gesetze der Natur in ihr selbst ihren Ausgang nehmen. Der junge Philosoph disputierte auch mit einem Rabbi über den Unterschied von Mensch und Tier. Es heißt, dass Spinoza diesem den Gedanken nahe zu bringen versuchte, der Mensch verfüge über dieselbe Natur wie das Tier, sei darum in keiner Weise höher als diese Lebensform. Der Rabbi erwiderte: „Dann frage ich dich, du Freigeist, ob die Tiere vielleicht einen Spinoza aus ihrer Mitte hervorbringen können?"

Die „Prinzipien der Cartesischen Philosophie" erschienen 1663, der „Theologisch-Politische Traktat" wurde 1670 publiziert. Die „Ethik" und weitere Schriften sollten erst nach seinem Tod veröffentlicht werden. Einen Ruf nach Heidelberg lehnte Spinoza 1673 ab: „Ich habe Bedenken, in welche Grenzen die Freiheit zu philosophieren einzuschließen ist … Ich zögere nicht aus Hoffnung auf ein höheres Glück, aber aus Liebe zu einer Ruhe, die ich mir auf andere Weise nicht bewahren zu können glaube." Man hatte ihm zugesichert, dass er frei lehren und forschen dürfe, ganz nach seinem Ermessen. Spinoza blieb in Den Haag, beschäftigte sich damit, Linsen für Teleskope zu schleifen, und starb dort am 21. Februar 1677 an der Schwindsucht.

Spinozas Gotteslehre

Grundlegend für Spinozas Philosophie ist seine Auseinandersetzung mit der Frage nach Gott. Er schreibt: „Alles, was ist, ist in Gott, und nichts kann ohne Gott sein noch begriffen werden." Sowohl in der „Ethik" als auch in der gleichfalls postum veröffentlichten Frühschrift „Kurze Abhandlung von Gott, dem Menschen und seinem Glück" entwickelt er die maßgeblichen systematischen Gedanken über das, „was Gott ist". Gott existiert gewiss, doch was lässt sich über ihn verlässlich aussagen? Spinoza verweist auf „unendliche Attribute" und zugleich auf die unendliche Vollkommenheit derselben: „Der Grund ist: Weil das Nichts keine Attribute haben kann, muss das All somit alle Attribute haben; und wie das Nichts keine Attribute hat, weil es Nichts ist, so hat das Etwas Attribute, weil es Etwas ist. Folglich, je mehr es Etwas ist, desto mehr Attribute muss es haben, und demzufolge muss Gott als der vollkommenste, der unendliche, der Alle-Etwas-seiende auch unendliche, vollkommene und alle Attribute haben."

Das Denken Gottes geht einher mit der Erkenntnis, dass Gott existiert. Dass überhaupt etwas existiert, ist mit unserem Dasein gewiss. Unser Dasein ist endlich und kontingent. Es ist denkmöglich, dass das menschliche Dasein nicht sei. Dass es doch ist, verweist auf eine Ursache. Diese Ursache kann in einer anderen Existenz gefunden werden, aber diese wiederum beruht auf einem anderen Grund. Eine solche Kette setzt sich fort ins Unendliche, ohne an eine Ursache zu gelangen, die schlechthin besteht. Nur eine notwendige Ursache kann dies in Gang gesetzt haben, etwas, das notwendig durch sich selbst existiert. Die Existenz der ersten Ursache ist allein notwendig, wenn es unmöglich ist, zu denken, dass nichts existieren könnte. Wäre das Nichts vorstellbar, wäre das Sein nicht notwendig. Wären die endlichen Lebewesen, die Menschen, notwendig, dann wären sie als „endliche Wesen vermögender" als „schlechthin unendliche Wesen". Notwendig existieren können nur unendliche Wesen: „Entweder existiert überhaupt nichts, oder das schlechthin unendliche Wesen existiert auch notwendig … So können wir der Existenz keines Dinges gewisser sein als der Existenz des schlechthin unendlichen oder vollendeten Wesens, das heißt Gottes." Über diese zweifelsfreie Gewissheit geht nichts hinaus:

„Wollte also jemand sagen, er habe eine klare und unterschiedene, das heißt wahre Idee von der Substanz und zweifle gleichwohl daran, ob eine solche Substanz existiere, so wäre das wahrhaftig gerade so, als ob er sagte, er habe eine wahre Idee und sei gleichwohl zweifelhaft, ob sie nicht falsch sei."

Zwei Momente sind für den Gedanken des Daseins Gottes wesentlich. Eines davon ist das Sein der endlichen Dinge und Lebewesen, ein weiteres die Idee der schlechthin notwendigen Existenz der unendlichen Substanz an sich selbst. Über die Selbstverständlichkeit des Bewusstseins unserer Existenz gelangen wir zur Frage nach dem Grund des Daseins und zu der Antwort einer unbedingt notwendigen Existenz, welche die endlichen Wesen verursacht hat. Der Gedanke Gottes ist einsichtig und gewiss. Er bedarf keiner näheren Beweisgründe. Wer solche anstrebt, lässt nur seine eigenen Zweifel ersichtlich werden. Unzureichende Beweise stellen dem, der sie formuliert, ein schlechtes Zeugnis aus.

Spinoza nennt zudem die Unendlichkeit Gottes. Eine notwendig existierende Substanz ist unendlich. Dies ist zwingend, da eine endliche Substanz stets eine andere zur Voraussetzung hat, die sie in ihrer Endlichkeit verursacht. Das vollkommene Sein begreift alle Wirklichkeit in sich und ist unendlich. Gott als unendliche Substanz verfügt auch über unendlich viele Attribute: „Je mehr Wirklichkeit oder Sein ein Wesen hat, desto mehr Attribute hat es auch, die Notwendigkeit oder Ewigkeit und Unendlichkeit ausdrücken, und folglich ist nichts klarer, als dass das schlechthin unendliche Wesen notwendig in seinem Begriff zu bestimmen ist als ein Wesen, das aus unendlichen Attributen besteht." Unendlichkeit schließt jegliche Einschränkung aus. Der Mensch vermag aufgrund der Begrenztheit seiner Erkenntnis nicht jene Attribute Gottes einzusehen, die seinen Verstand übersteigen. Er muss unendlich viele Attribute mit Notwendigkeit denken.

In Gott sind Möglichkeit und Wirklichkeit identisch. Jede Möglichkeit wurde zur Wirklichkeit. Freiheit und Notwendigkeit sind in eins gesetzt: „In Wahrheit handelt Gott mit derselben Notwendigkeit, mit der er sich versteht … Wie aus der Notwendigkeit der göttlichen Natur folgt, dass Gott sich selbst versteht, mit derselben Notwendigkeit folgt auch, dass Gott Unendliches auf unendliche Weise wirkt." Die Freiheit Gottes ist grundsätzlich von den Reflexionen zur Freiheit des Menschen zu unterscheiden. Gott wirkt ohne Zwang, Mangel, ohne Antriebe und ohne Bedürfnisse. Er wirkt aus sich selbst mit der ihm eigenen Notwendigkeit, die zugleich Ausdruck seiner Freiheit ist. Wer Gott personalisiert, begrenzt seine Macht, da er zwischen Möglichkeiten wählt. Dies aber entspricht nicht der absoluten Macht des Gottes, der in allem ist. Gott wird somit als unteilbar vorgestellt, in seinen unteilbaren Wirkungen als unmittelbar gegenwärtig: „So ist für uns ebenso unmöglich zu begreifen, dass Gott nicht wirkte, als dass Gott nicht wäre." Die Substanz Gott besteht einzig und ist einzigartig. Das Sein einer anderen würde diese Substanz einschränken. Die eine Substanz kann nicht von einer anderen bewirkt und hervorgebracht sein.

Spinoza betont die Einzigkeit Gottes, sieht aber die Schwierigkeit, dass man mit dem Zahlenverständnis des Menschen auf diese Weise nur eine letztlich nicht fassbare Größe zu fassen sucht. Darum sagt er: „Da wir von seiner Wesenheit keine allgemeine Idee bilden können, so hat, wer Gott Einen nennt, von Gott keine wahre Idee oder redet uneigentlich von ihm … Nur sehr uneigentlich kann Gott einer oder einzig heißen." Spinoza übt vehement Kritik an menschlichen Auffassungen und Meinungen über Gott. Zahlreiche irrtümliche Vorstellungen über Gott bestehen. Durch die verbale Festschreibung mindern sie zwar nicht die Wahrheit Gottes, aber das, was sie über Gott aussagen meinen, verfehlt Gottes unendliche Wirklichkeit. Gott wird vermenschlicht und somit entgöttlicht. Dazu gehört die Auffassung, „dass Gott als Mensch oder nach dem Ebenbilde eines Menschen vom Volke begriffen wird". Verfügten Dreiecke und Kreise über ein Bewusstsein, so Spinoza, würden sie sich Gott entsprechend dreieckig oder kreisförmig vorstellen. Die Menschwerdung Gottes ist für den Philosophen ein Sakrileg: „Wenn einige Kirchen behaupten, Gott habe menschliche Natur angenommen, so habe ich ausdrücklich bemerkt, dass ich nicht weiß, was sie damit sagen. Ja, offen gestanden, scheint mir, was sie sagen, gerade so unsinnig, als wenn mir jemand sagen wollte, der Kreis habe die Natur des Quadrats angenommen." Gott ist auch mehr als ein König. Er lässt sich mit menschlichen Begriffen nicht fassen, und es genügt auch nicht, menschliche Vermögen zu transzendieren oder zu überhöhen. Damit greift man zwar über die Sphäre des Menschlichen hinaus, endet aber in einer leeren Fantastik. Es ist möglich, Gott zu denken, aber der Mensch ist außerstande, ihn sich vorzustellen.

So klar und gewiss Gott für Spinoza im Denken ist, so bleibt er doch unbeschreiblich: „Auf Ihre Frage, ob ich von Gott eine so klare Idee habe wie vom Dreieck, antworte ich: ja. Fragen Sie mich aber, ob ich von Gott eine so klare Vorstellung habe wie vom Dreieck, so antworte ich: nein, denn Gott können wir nicht vorstellen, wohl aber erkennen." Wer Gott personalisiert, will ihn den Menschen angleichen. Gott lässt sich nicht von endlichen Wesen bestimmend erfassen. Er befindet sich außerhalb ihrer Wahrnehmung, außerhalb ihrer Vorstellungskraft, verspürt weder Bedürfnisse noch hat er Mängel, auch strebt er nicht: „Man darf nicht sagen, dass Gott von jemandem verlangt, und ebenso wenig, dass ihm etwas missfällig oder angenehm sei. Das sind alles menschliche Attribute, die bei Gott nicht Platz haben." Die vernunftgemäße Gewissheit der Existenz Gottes aus Respekt vor der Wirklichkeit, die menschlichen Kategorien nicht entspricht, genügt; Rituale, Kulte und Offenbarungen versuchen Gott zu fassen auf eine Weise, die der im Denken gegründeten Vergewisserung seines Daseins entgegengesetzt ist. Spinoza tadelt nicht alle Formen der Religiosität, nicht alle Vorstellungen, da sie offenbar endlichen Wesen entsprechen. Aber jede Form der Intoleranz und anmaßenden Selbstbehauptung wird von ihm zurückgewiesen.

Gott ist fern und nah zugleich. Nah ist er dadurch, dass er in allem wirklich ist und nicht von der Welt getrennt sein kann. Gleichzeitig ist er doch ganz verschieden von dem, was wir mit begrenzten Formen der Erkenntnis denkend fassen können: „Der Verstand und der Wille, die Gottes Wesenheit begründen, müssten von unserem Verstand und Willen um Himmelsweite verschieden sein und könnten in nichts außer im Namen damit übereinstimmen, nicht anders als der Hund, das Himmelszeichen, und der Hund, das bellende Tier." Die Gegenwärtigkeit Gottes in der Natur schließt die gleichzeitige Ferne in der Weite seines Seins nicht aus. Er ist ohne Persönlichkeit, ohne Bestimmungen und jenseits der menschlichen Einbildungskraft. Nur im klaren Denken lässt sich seine Wirklichkeit als gewiss fassen. Er ist überall, unabhängig von aller Erkenntnis, jegliche Form der Wissenschaft ist für ihn ein Weg zur Gotteserkenntnis. Ansonsten bleiben Forscher und Philosophen ausgerichtet auf Beliebiges, ihr Streben versandet leer und sinnlos in ihren endlosen Richtigkeiten: „Die göttliche Natur, die sowohl der Erkenntnis als der Natur nach eher ist, haben sie für das Letzte in der Ordnung der Erkenntnis gehalten, die so genannten Sinnesgegenstände aber für das überhaupt Erste. So ist es gekommen, dass sie in der Betrachtung der Naturdinge an nichts weniger gedacht haben als an die göttliche Natur, und wenn sie nachher ihren Sinn auf die Betrachtung der göttlichen Natur gerichtet haben, dann haben sie an nichts weniger denken können als an ihre ersten Einbildungen, mit denen sie die Erkenntnis der Naturdinge überbaut hatten. Kein Wunder, wenn sie sich auf Schritt und Tritt widersprechen."

Ethik nach geometrischer Methode

Nach dem Vorbild der Lehrsätze der euklidischen Geometrie hat Spinoza ein komplex strukturiertes System der Ethik entwickelt, indem sich eine strenge Moralistik mit mathematischer Stringenz verbindet. Er ist überzeugt, dass Metaphysik, Physik und Ethik eine unverbrüchliche Einheit bilden.

Wie kann und wie soll sich der Mensch in dieser Welt verhalten? Wie vermag er, trotz der ihn umgebenden und prägenden Macht der Notwendigkeit, frei zu sein? Ziel seiner Untersuchung ist es, darzulegen, wie die Beherrschung der Affekte gelingen kann. Auf gewisse Weise besteht nämlich eine Knechtschaft, eine Bindung durch die Affekte. Vermag der Mensch sich hieraus zu lösen und zu befreien?

Spinoza versucht, die menschlichen Handlungen und Triebe ganz nüchtern zu betrachten, als ob es eine mathematische Untersuchung wäre, die die „Linien, Flächen und Körper" erkunden sollte. Er schreibt: „Die meisten, die über Affekte geschrieben haben, messen die Ursache der menschlichen Ohnmacht und Unbeständigkeit nicht der gemeinsamen Natur bei, sondern ich weiß nicht welchem Fehler der menschlichen Natur, die sie deswegen bejammern, verlachen, gering schätzen oder verwünschen. Aber es geschieht nichts in der Natur, das man ihr als Fehler zurechnen könnte."

Spinoza versucht, die menschlichen Handlungen und die ihnen zugrunde liegenden Affekte zu verstehen. Er will sie weder beklagen noch verabscheuen: „Und so habe ich Liebe, Hass, Zorn, Neid, Ruhmsucht, Mitleid nicht als Fehler der menschlichen Natur betrachtet, sondern als ihre Eigenschaften, die zu ihr geradeso gehören wie zur Natur der Luft Hitze, Kälte, Sturm, Donner und anderes derart, was zwar auch Widerwärtigkeit bedeutet und doch notwendig ist und gewisse Gründe hat." Spinoza verfolgt eine distanzierte Betrachtungsweise und spricht von Wertfreiheit, obgleich sich die Abkehr von der Zweckbestimmtheit menschlichen Handelns zu einer Ausrichtung auf den letzten Zweck, der wiederum kein Zweck mehr ist, vollzieht. Der Mensch kennt eine „richtige Lebensweise" ebenso wie „Gebote der Vernunft" und das „höchste Gut". Das „höchste Gut" ist als letzter Zweck frei von Zweckerwägungen. Vernünftiges Denken realisiert das „höchste Gut" in der Denktätigkeit selbst. Das „höchste Gut" entstammt der Natur der Dinge aus der Vernunft. Der Mensch bewegt sich auf dieses zu, indem er vernünftig denkt.

Problematisch wird die Ethik durch das Freiheitsverständnis Spinozas. Die Willensfreiheit bestreitet der Philosoph. Der Mensch ist umfassend determiniert: „Die geschaffenen Dinge werden alle von äußeren Ursachen bestimmt. Ein Stein empfängt durch eine äußere Ursache ein gewisses Quantum von Bewegung. Das Verharren des Steins in der Bewegung ist gezwungen, weil es durch den Anstoß der äußeren Ursache bestimmt werden muss … Nun stelle man sich vor, der Stein denke, indem er fortfährt sich zu bewegen, und er wisse, dass er nach Möglichkeit in der Bewegung zu verharren strebt. Dieser Stein wird sicherlich der Meinung sein, er sei vollkommen frei und verharre nur darum in seiner Bewegung, weil er es so wolle. Und das ist jene menschliche Freiheit, auf deren Besitz alle so stolz sind und die doch nur darin besteht, dass die Menschen sich ihres Begehrens bewusst sind, aber die Ursachen, von denen sie bestimmt werden, nicht kennen. So hält sich das Kind für frei, wenn es nach Milch begehrt, der Knabe, wenn er im Zorn die Rache, der Furchtsame, wenn er die Flucht will. Auch der Betrunkene glaubt, er rede aus freiem Entschluss … So glauben die Leute im Fieberwahn … Und da dieses Vorurteil allen Menschen eingeboren ist, machen sie sich nicht leicht davon los."

Andererseits besteht Freiheit im Einklang mit der Notwendigkeit. Die Notwendigkeit kann verwirklicht werden durch äußeren Zwang, also durch etwas außer mir. Notwendigkeit kann aber auch durch die innere Folge aus der eigenen Natur stammen. Diese Notwendigkeit, das inwendige Gehorchen sozusagen, ist vollkommene Freiheit. Gott befindet sich im Stadium der gänzlichen Bestimmtheit aus sich selbst heraus, er ist „freie Notwendigkeit", gebunden durch seine Natur und handelnd entsprechend seinen Gesetzen. Dies bleibt dem Menschen freilich verwehrt. Er vermag zwar nicht vollkommen frei, wohl aber etwas freier zu werden, indem er sich stärker an die Vernunft bindet und an dieser orientiert. Die Einsicht in die Notwendigkeit führt zu einer bewussten Teilhabe an ihr, die als ihm gemäße Form der Freiheit aufgefasst werden kann. Freiheit bedeutet also Erkenntnis der Notwendigkeit. Die Vernunft versteht sich selbst als notwendige Natur des Menschen.

Spinoza kennt verschiedene Arten von Gesetzen, in denen das ethische Sollen ausgedrückt wird. Es gibt Gesetzmäßigkeiten, die unveränderlich sind, und Normen für das Handeln, die mitunter befolgt werden. Worin besteht die menschliche Freiheit nach Spinoza im Hinblick auf die Gesetze? Die göttlichen Gesetze können nicht übertreten werden, dies würde auch Gottes Macht einschränken. Freiheit besteht in der Übereinstimmung mit der Notwendigkeit, die von Gott stammt. Im Bereich des Wählbaren ist der Mensch unfrei. Das Sollen zeigt sich, wenn die Notwendigkeit nicht erlitten, sondern durchschaut und darum getan wird. Erkenntnis führt zum Handeln. Die menschliche Seele verwirklicht sich entsprechend der göttlichen Notwendigkeit. Freiheit im Denken zeigt sich im Selbstbewusstsein, das von der unumgänglichen Notwendigkeit weiß, die absolut göttlicher Macht entspringt.

Für die menschlichen Gesetze gilt: „Alle Gesetze, die übertreten werden können, sind menschliche Gesetze, weil aus allem, was die Menschen zu ihrem Wohl beschließen, darum noch nicht folgt, dass es zum Wohl der ganzen Natur diene, sondern im

Gegenteil zur Vernichtung vieler anderer Dinge gereichen kann."
Die Vorherbestimmung, die Spinoza bei der menschlichen Natur annimmt – manche folgen ihren Begierden, weil sie einen ohnmächtigen Geist bekommen haben –, ist jedoch frei von allem Sündenbewusstsein. Spinoza bezieht sich einzig auf die innere Notwendigkeit der Natur: „Niemand kann es Gott zum Vorwurf machen, dass er ihm eine schwache Natur oder einen ohnmächtigen Sinn gegeben hat. Es wäre geradezu widersinnig, als wollte der Kreis sich beklagen, dass Gott ihm nicht die Eigenschaften der Kugel gegeben habe. Ebenso wenig kann ein Mensch von ohnmächtigem Sinne darüber klagen, dass Gott ihm die Stärke und die wahre Erkenntnis und Liebe Gottes versagt hat, und dass er ihm eine so schwache Natur gegeben hat, dass er nicht imstande ist, seine Begierden zu zähmen und zu mäßigen."
Verfehlte Handlungen sind zwar entschuldbar, aber trotzdem zu bestrafen. Die Menschen sind wie „Ton in der Macht des Töpfers", der Gefäße unterschiedlicher Art formt: „Die Menschen können ja immer entschuldbar sein und nichtsdestoweniger der Glückseligkeit ermangeln und auf vielfache Weise gequält sein. Das Pferd ist zu entschuldigen, dass es ein Pferd ist und kein Mensch, und nichtsdestoweniger muss es ein Pferd sein und nicht ein Mensch. Der Hund, der durch einen Biss toll wird, ist zwar zu entschuldigen, und doch wird er mit Recht erstickt."

Das Streben nach Selbsterhaltung, von Spinoza Begierde genannt, ist jeder Lebensform eigentümlich und für diese charakteristisch. Die Begierde ist sozusagen der sich seiner selbst bewusst gewordene Trieb. So verschieden die Begierden sind, zeigt sich doch eine Gleichförmigkeit in ihrem Aufbau. Spinoza verweist sodann auf die Affekte der Freude und der Trauer. Freude erfüllt den Menschen, sofern er sich zur größeren Vollkommenheit hin entwickelt, Trauer, wenn diese schwindet: „Würde der Mensch mit der Vollkommenheit, zu der er übergeht, geboren sein, so würde er ohne den Affekt der Freude in ihrem Besitz sein."

Spinoza zufolge strebt der Mensch nicht nach dem Guten, sondern beurteilt als gut, wonach er strebt. Die Begierde entspricht dem Streben nach Selbstbehauptung und -erhalt, Freude und Trauer sind Handlungen oder Leidenschaften. Der Mensch handelt nicht nur, er ist durch seine Einbindung in die Natur immer wieder Leidenschaften und Affekten unterworfen. Ein Mensch, der affektbestimmt ist und ausschließlich einer Meinung folgt, wird von Spinoza als Knecht angesehen. Die Knechtschaft ist gekennzeichnet durch Vernunftlosigkeit. Der Freie handelt unter Ausrichtung auf die Vernunft. Er weiß, was er tut. Die Handlungen folgen aus der „Notwendigkeit unserer Natur". Die „Grundlage der Tugend" ist die „Erhaltung des eigenen Seins". Glücklich nennt Spinoza jenen Menschen, der das eigene Sein zu erhalten vermag: „Da die Vernunft nichts gegen die Natur fordert, fordert sie also, dass jeder sich selbst liebt, seinen Nutzen sucht. Nach der Leitung der Vernunft handeln, sein Sein erhalten, leben, diese drei bedeuten dasselbe: aus Tugend handeln." Unter Nutzen versteht er ein reflektiertes Tun, keinen beliebigen Eigennutz, sondern das Begehren eines Zustandes und Zieles, „was in Wahrheit den Menschen zu größerer Vollendung führt".

Der Affekt kann rational durchleuchtet werden. Die Sammlung von Wissen führt zu einer Begrenzung des Leides. Vertrautheit reduziert den Schmerz. Der Mensch erleidet also weniger den Affekt, sobald er sich eine deutliche Idee bildet: „Ein Affekt ist also um so mehr in unserer Gewalt, und die Seele leidet um so weniger von ihm, je bekannter er uns ist." Gewöhnlich sind wir von einem Affekt schier überwältigt. Der Mensch ist wie gefesselt, als sei er von diesem Affekt in Besitz genommen. Es gelte, so Spinoza, den Affekt von den Gedanken an die äußeren Ursachen zu lösen und ihn mit anderen Gedanken zu verbinden. Wer die Sterblichkeit beklagt, kann etwa bedenken, dass die „Trauer über ein verlorenes Gut" gemindert wird, sobald deutlich geworden ist, dass dieses Gut in keiner Weise hätte erhalten werden können.

Spinoza versucht dies zu verallgemeinern und formuliert zahlreiche Lebensregeln, die an die stoische Philosophie erinnern. Er fordert Gleichmut und Gelassenheit und benennt die altbekannte ethische Regel, dass es gut sei, die Mitte zu wählen und jegliche Form der Maßlosigkeit zu vermeiden, weder tollkühn noch feige zu agieren. Spinoza spricht von Wohlwollen und Redlichkeit. Was erfreut, sei gut, Ehrgeiz und Eitelkeit, Anklageeifer und Verachtung tadelt er deutlich. Immer wieder lobt Spinoza die Freude: „Wenn ein Mensch durch den Zustand der Freude zu einer solchen Vollkommenheit gebracht würde, dass er sich und seine Handlungen adäquat begriffe, so würde er zu denselben Handlungen, zu denen er jetzt noch durch Affekte, die Leidenschaften sind, bestimmt wird, gleich fähig, ja sogar noch mehr fähig sein." Durch ein hohes Maß an Freude vervollkommnet sich der Mensch und gewinnt „Anteil an der göttlichen Natur". Melancholische Stimmungen, eine sich an sich selbst erfreuende Schwermut, der Ruhm des Schmerzes und der Traurigkeit beurteilt Spinoza entschieden negativ: „Nur ein finsterer und trauriger Aberglaube verbietet, sich zu ergötzen. Keine Gottheit rechnet uns Tränen und Furcht als Tugend an. Es ist umgekehrt. Freude ist gehörig in allen Stufen des Daseins. Dem weisen Menschen ziemt es, sich mit Maß an wohlschmeckenden Speisen und Getränken zu laben und zu stärken, an der Lieblichkeit grünender Pflanzen, an Schmuck, Musik, körperlichen Spielen, Theatern."

Das adäquate Begreifen und das richtige Handeln bestehen zusammen. Die vernünftige Lebensführung zeichnet sich durch Zweckfreiheit, Aktivität, Gelassenheit und Gleichmut aus. Die Zusammenstimmung dieser einzelnen Aspekte vermag Spinoza durch den Verweis auf die geometrische Methode festzulegen. Alle Momente des ethischen Lebens sind gänzlich diesseitig orientiert. Für das tugendhafte Dasein wird der Mensch nicht noch einmal belohnt. Die Tugend selbst belohnt ihn bereits. Tugendhaftes Handeln findet Zweck und Bestimmung in sich selbst. Wer die Tugend zu einem bloßen Mittel verkürzt, erniedrigt sie, ja hebt sie auf, sofern sie in ein Schema von Lohn und Strafe integriert wird: „Gott gibt den Menschen keine Gesetze, um sie zu belohnen oder zu bestrafen."

Am nächsten ist der Mensch Gott, als „deus sive natura" aufgefasst, wenn er gänzlich mit der Welt verbunden ist, keinerlei Gedanken an den Tod hegt, nicht über diesen nachsinnt, sondern sich auf das Leben konzentriert. Nicht Todesangst wird zum Beweggrund seines Handelns, sondern einzig das Ziel, zu leben und sich zu erhalten, am Guten ausgerichtet. Die vernünftige Einsicht verzichtet auf lässliche Klagen. Sie stimmt überein mit der Notwendigkeit. Statt sich zu empören erkennt der Mensch an, was geschieht und was er doch nicht ändern kann. Die Philosophie lehrt, die „Fügungen des Schicksals" nicht allein auszuhalten, sondern diese auch als notwendig anzusehen, gleichmütig zu ertragen und zu erwarten, was kommt. So verleiht die Philosophie Unabhängigkeit von der Hoffnung und Freiheit von Furcht. Die Einsicht orientiert sich am Notwendigen, und der Wille folgt ihr. Mit dem „besseren Teil unseres Selbst" können wir uns in die Ordnung stimmig hineingeben und einfügen. Mit Notwendigkeit einig zu sein führt zu Tapferkeit und Seelenstärke, zu beschwingenden Affekten. Wer sich gemäß den Geboten der Vernunft erhält, zeigt sich edelmütig, unterstützt seine Mitmenschen und freundet sich mit diesen an. Ein Mensch, der in sich selbst ruht, findet nichts, was er hassen, belächeln oder geringschätzen könne, sieht alles Unzureichende als Mangel an sich selbst und wird, „soweit die Kraft reicht, danach streben, gut zu handeln und sich zu freuen".

Leicht verwirklichen lässt sich diese Ethik nicht. Spinoza hat dies selbst gewusst. Sein Werk beschließt er mit folgenden Worten: „Freilich, schwierig muss sein, was so selten gefunden wird. Denn wie wäre es möglich, wenn das Heil leicht zugänglich wäre und ohne große Mühe gefunden werden könnte, dass fast alle es unbeachtet lassen? Aber alles Vortreffliche ist ebenso schwer als selten."

Vernunft versus Offenbarungsglaube

Spinoza kritisiert aus philosophischer Perspektive die Offenbarung, auf welche sich die monotheistischen Religionen berufen. Er sieht und tadelt ihren Eifer, fürchtet die Intoleranz, gesteht aber zugleich Parallelen zwischen vernünftiger Einsicht und Theologie zu. Die Ausrichtung auf Liebe und Gerechtigkeit findet sich in der Bibel. Diese Orientierung stimmt mit den Vorgaben der Vernunft überein. Das „Wort Gottes", auf welches die Propheten sich berufen, stimmt mit dem „Worte Gottes", der Natur, überein, „das in unserem Inneren spricht". Die Konfessionen streiten sich, man beschuldigt sich wechselseitig und spricht von Häresie. Diese Auseinandersetzungen werden nur beendet, so ist Spinoza überzeugt, wenn Vernunft und Offenbarung voneinander geschieden werden. Demgemäß formuliert er: „Die Vernunft ist das Reich der Wahrheit und der Weisheit, die Theologie aber das Reich der Frömmigkeit und des Gehorsams." Somit entkleidet Spinoza die Theologie ihres machtvollen Wahrheitsanspruchs, der nicht von ungefähr mit einem entschlossenen Machtwillen und Herrschaftsprinzip verknüpft ist. Herrschen soll einzig die Wahrheit. Wenn die Theologie auf Liebe und Gerechtigkeit ausgerichtet ist, nimmt Spinoza dies billigend zur Kenntnis. Die Prüfung der Dogmen bleibt Aufgabe der Vernunft, die das „wahre Licht des Geistes" ist. Vernunftlos bleiben nur „Traumgestalten" und „Trugbilder". Ein fest gefügtes theologisches Wissen bestimmt Spinoza als ebenso verderblich wie überflüssig:

„Was die Menschen unbeschadet der Liebe nicht zu wissen brauchen, von dem wissen wir mit Sicherheit, dass es die Theologie oder das Wort Gottes nicht berührt." Zwischen Glaube und Vernunft wird streng unterschieden; die Philosophie soll „ihr eigenes Reich" behaupten, die Theologie ebenso.

Fraglich bleibt, warum Menschen sich gehorsam gegenüber dem Vernunftwidrigen zeigen. Wäre die Vernunft ein Teil der Theologie, so ließe sich mit ihr keine Grundlage des Gehorsams aufweisen: „Ohne Einschränkung behaupte ich, dass sich das Grunddogma der Theologie nicht durch natürliche Erleuchtung begründen lässt und dass darum die Offenbarung sehr notwendig gewesen ist; nichtsdestoweniger aber können wir von unserem Urteil Gebrauch machen, um das bereits Offenbarte wenigstens mit moralischer Gewissheit anzuerkennen. Wir dürfen nicht erwarten, größere Gewissheit darüber zu erhalten als die Propheten selbst, deren Gewissheit nur eine moralische war." Die Autorität der Propheten ist mathematisch unbeweisbar. Sie sprechen machtvoll, aber abgesehen von einer blühenden Fantasie, von Begebenheiten, die als metaphysische Zeichen gedeutet werden, und von einer moralischen Gesinnung bleibt allzu wenig. Die Theologie kann ihre Lehren nicht schlüssig begründen, da ihnen die „Gewissheit der Vernunft" fehlt. Bemühen sie diese doch, dann bedeutet das, „die Vernunft zu Hilfe rufen zu wollen, um die Vernunft zu verjagen", im Glauben, die Theologie hätte nur „Glanz", wenn sie von der „natürlichen Erleuchtung der Vernunft" bestrahlt würde. Aus dem Bereich des Wissens wird die Theologie gänzlich verwiesen. In dem Bereich der Einsicht gilt einzig die Vernunft, „denn welchen Altar kann der sich bauen, der die Majestät der Vernunft beleidigt". Aussprüche der Bibel haben nur Beweiskraft für den gläubigen Menschen. Das „geoffenbarte Wort Gottes" besteht nach Spinoza nicht in einer Vielzahl von Büchern, sondern einzig in dem „einfachen Begriff des göttlichen Geistes", von welchem die Propheten ergriffen waren: „Gott von ganzer Seele gehorsam zu sein, indem man Gerechtigkeit und Liebe übt."

Im Gemeinwesen empfiehlt er die Herrschaft der Vernunft und hofft zugleich, dass die „unverhohlen verschiedenen entgegengesetzten Meinungen doch in Eintracht miteinander leben" können. Spinoza selbst geißelte die Formen des Aberglaubens und bezweifelte jede Möglichkeit der Offenbarung. Gleichwohl sind die Menschen, besonders in Krisensituationen, anfällig und geraten leicht in den „Banne eines Aberglaubens", während sie in Zeiten des Glücks die Weisheit geradezu im Überfluss besitzen. Im Unglück nehmen sie jeden Rat an, selbst absurde Empfehlungen, beurteilen hochmütig in Gefahr die Vernunft als blind und die Weisheit als eitel, aber die „Ausgeburten ihrer Fantasie, Träume und kindischen Unsinn" halten sie für die „Antwort der Gottheit". Zu „solchem Wahnsinn" werden sie durch die ihnen innewohnende Daseinsangst getrieben. Zur Gottesgewissheit Spinozas, zu einem Bewusstsein von der Existenz des schlechthin vollkommenen Wesens, das in der Natur allzeit gegenwärtig ist, gelangen sie nicht. Die Anhänger der Religionen und Konfessionen streiten miteinander „in der feindseligsten Weise", sie orientieren sich an „widersinnigen Geheimnissen" – „und wer die Vernunft von Grund aus verachtet und den Verstand, als seiner Natur nach verderbt, verwirft und verabscheut, der gilt höchst ungerechterweise für gotterleuchtet".

Kein zweiter Philosoph des Abendlandes wurde so geschmäht wie Spinoza. Christian Thomasius, ein heute nahezu vergessener Philosophie-Professor aus Leipzig, nannte ihn einen „lichtscheuen Schreiber" und einen „lästernden Erzjuden", der zudem noch Atheist wäre. Andere Gelehrte seiner Zeit titulierten ihn als „dummen Teufel", „blinden Gaukler" und „verblendeten Tropf", als „elenden Wicht" und „ausländisches Tier", er wäre ein gottloser Frevler, geborener Betrüger, der „Werke der Finsternis" verfasst habe. Selbst so gegensätzlich denkende Philosophen wie Voltaire und Leibniz stimmten in der Beurteilung Spinozas überein: Sie lehnten beide seine Werke entschieden ab. Aber er fand auch begeisterte Verehrer. Lessing, Schleiermacher und Goethe schätzten seine Philosophie über die Maßen aus gutem Grund.

III. Gottfried Wilhelm Leibniz

Die rationalistische Metaphysik der Neuzeit findet ihren Abschluss im vielschichtigen Werk des Universalgelehrten Gottfried Wilhelm Leibniz. Das Vertrauen auf die umfassende Erkenntniskraft der menschlichen Vernunft bleibt in den Schriften des Philosophen so unangetastet wie der Verweis auf die Güte und Weisheit des allmächtigen Gottes. Dessen Existenz ist für Leibniz durch philosophische Reflexion beweisbar.

Die angelsächsischen Philosophen kehrten sich vom neuzeitlichen Rationalismus ab. Dem ideenreichen Werk Leibniz' schenkten sie ebenso wenig Beachtung wie seinen systematischen Entwürfen. Nichtsdestoweniger war Leibniz überzeugt, auf philosophischem Weg, wie er in der umfangreichen Schrift „Die Theodizee" darlegte, Gottes Güte angesichts der Übel in der Welt rechtfertigen zu können. Seine berühmte Wendung „Gott hätte die Welt nicht geschaffen, wenn sie nicht unter allen möglichen die beste gewesen wäre" wurde von etlichen Philosophen der Aufklärung, darunter Voltaire, mit leisem Spott, frechem Hohn und bisweilen offenkundiger Verachtung bedacht. Dass Leibniz auch einschränkend bemerkt hatte, es sei ratsam, den Verstandesbereich bei der Erkenntnis der höchsten Dinge zu begrenzen, nahmen nur wenige zur Kenntnis. Doch versuchte nicht auch Leibniz, philosophisch mehr darzulegen und zu beweisen, als redlicherweise möglich war? In Leibniz' Worten: „Wer in göttlichen Dingen nichts glaubt, als was er mit seinem Verstande ausmessen kann, verkleinert die Idee von Gott." Zur Verteidigung des neuzeitlichen Rationalismus wider den angelsächsischen

Empirismus bekannte sich der Philosoph und formulierte deutlich: „Nun genügen aber alle Beispiele, die eine allgemeine Wahrheit bestätigen, mögen sie noch so zahlreich sein, nicht, um die allgemeine Notwendigkeit eben dieser Wahrheit festzustellen; denn es folgt nicht, dass das, was geschehen ist, immer ebenso geschehen wird."

Leibniz versuchte eine Zusammenfügung von metaphysischer Spekulation, theoretischer Erkenntnis und mathematischem Denken. Er gehört zu den beeindruckendsten Gestalten der abendländischen Philosophie und hat – wie nur wenige – weit über die Grenzen der Philosophie hinaus zu wirken vermocht. Der Philosoph Leibniz ist ein eindrucksvolles Beispiel für ungezügelte Neugierde im Feld der Wissenschaften und die intellektuelle Suche nach einer schlüssigen Erklärung des Weltgeschehens. Die deutsche Philosophie der Aufklärungszeit, mit Hilfe derer auch Immanuel Kant Jahrzehnte später das Philosophieren lernt, wird zwar als „Leibniz-Wolff'sche Schulphilosophie" bezeichnet, verdankt aber ihre Verbreitung im 18. Jahrhundert Christian Wolff, der den wesentlich von Leibniz geprägten Rationalismus der Neuzeit zu popularisieren vermochte.

Gestalt und Werk

Gottfried Wilhelm Leibniz wurde am 1. Juli 1646 in Leipzig geboren. Die lateinische Sprache brachte er sich im Alter von acht Jahren selbst bei, nachdem er ein Buch von Livius entdeckt hatte, das reich mit Kupferstichen geschmückt war. Er versuchte anhand der Bildunterschriften sich den Gehalt des Textes zu erschließen. Diese Entschlüsselung weckte sein Interesse für die lateinische Sprache. Nach und nach übersetzte er das gesamte Buch. Über sich selbst berichtet Leibniz in einem Brief an Pierre Rémond: „Ich habe von jeher versucht, die Wahrheit, die unter den Ansichten der verschiedenen philosophischen Sekten begraben und verstreut liegt, aufzudecken und mit sich selbst zu vereinigen, und ich glaube, von meiner Seite dazu mitgewirkt zu haben, dass wir hierin einige Schritte vorwärts gekommen sind. Der äußere Gang meiner Studien ist mir hierbei seit meiner frühesten Jugend zustatten gekommen. Noch als Kind lernte ich den Aristoteles kennen, und selbst die Scholastiker schreckten mich nicht ab, was ich auch heute noch nicht bedauere. Sodann las ich Platon und Plotin mit Befriedigung, ganz zu schweigen von den anderen Alten, die ich weiterhin zu Rate zog ..."

1661 nahm Leibniz, gerade 15 Jahre alt, das Studium in den Fächern Philosophie, Jurisprudenz und Mathematik auf. Es gab kaum etwas, das ihn nicht interessierte. Er arbeitete sorgfältig und akribisch. Die Promotion in Rechtswissenschaft erfolgte 1667. Leibniz, ein Lutheraner, trat in den Dienst des katholisch geprägten Kurfürstentums Mainz. Er befasste sich mit politischen Aufgaben. Zugleich bemühte er sich, Probleme der Philosophie und Theologie zu lösen. An interkonfessioneller Harmonie interessiert, publizierte er 1668 einen Traktat mit dem Titel „Systema theologicum". Leibniz erwog eine Reunion der protestantischen Kirchen mit dem römischen Katholizismus und entwickelte Ideen, wie sich diese vollziehen könnte. Er bemühte sich jedoch aussichtslos um die Wiedervereinigung der christlichen Kirchen. In gleicher Weise erhoffte er sich auch einen harmonischen Zustand unter den Völkern, ein friedvolles Miteinander der – wohlgemerkt – christlichen Nationen. Sein Bemühen wurde anerkannt, er hatte etliche Fürsprecher, aber ebenso hielten ihn einflussreiche Zeitgenossen, Kleriker, Politiker und Gelehrte, für einen ideenreichen jungen Mann, der gelegentlich zu fantastisch anmutenden Träumereien neigte. Leibniz verfolgte seine politischen und ökumenischen Bemühungen in bester Absicht.

Mit neuem Eifer widmete sich Leibniz der Mathematik. Er vertiefte Studien, die er bereits während des Studiums engagiert betrieben, aber nicht entschlossen zu Ende geführt hatte. Nun gewann die Mathematik mehr Raum als je zuvor in seiner wissenschaftlichen Betätigung. Im Jahr 1671 erschien die Schrift „Hypothesis physica nova". Leibniz begründete eine neue Bewegungstheorie der Dynamik. Im Anschluss beschäftigte er sich mit Problemen, die sich bei der Berechnung von Dreieckszahlen ergeben. Sein Dienstherr, der Mainzer Kurfürst, schickte den für das politische Alltagsgeschäft offenbar nur bedingt tauglichen Denker 1672 nach Paris. Dort hielt sich Leibniz bis 1676 auf, beendete aber schon 1673 sein Dienstverhältnis mit dem Kurfürstentum. In Paris genoss der Philosoph den geistigen Austausch mit den Intellektuellen seiner Zeit, stand auch in Kontakt zu Spinoza und Isaac Newton. Er hegte weiterhin großes Interesse an philosophischen Fragestellungen, auch dachte er nunmehr konzentriert über die Konzeption einer Rechenmaschine nach. Die Probleme der Mathematik beschäftigten ihn unausgesetzt. Infolgedessen korrespondierte Leibniz eifrig mit Zeitgenossen über Fragen der Philosophie und Mathematik. Zwischen 1673 und 1675 entwickelte er die Differential- und Integralrechnung, zur selben Zeit wie Newton. Veröffentlicht wurden die Ergebnisse erst zehn Jahre später.

Leibniz unterscheidet Vernunft- und Tatsachenwahrheiten. Eine Vernunftwahrheit verfügt über eine innere Notwendigkeit. Es ist unmöglich, ihr Gegenteil zu denken, das heißt: die Vernunftwahrheit ist denknotwendig und a priori gültig. Zu diesen Vernunftwahrheiten zählt die Mathematik. Über diese suchte Leibniz mit der „scientia generalis", der Universalwissenschaft, einen Schlüssel zu allen Wissenschaftsgebieten und eine verlässliche Grundlegung für die Erkenntnistheorie. Die Tatsachenwahrheiten hingegen sind nicht notwendig. Sie beziehen sich auf Gegebenheiten in der Welt und verfügen über einen „zureichenden Grund". Dem Menschen erschließen sie sich über die Sinneswahrnehmung, deren Unbestimmtheit von der Vernunft ausgeglichen und korrigiert wird. Die Tatsachenwahrheiten werden innerhalb eines Ordnungsmusters aufgefasst, das aus den Prinzipien der Zahl, des Raumes und der Zeit besteht. Leibniz sieht in Raum und Zeit nichts Gegenständliches. Diese sind Formen der Anschauung oder auch Betrachtungsweisen, die die durch die sinnliche Wahrnehmung gegebenen Dinge unter einem einheitlichen Aspekt, nämlich dem der Größe, begreiflich werden lassen.

Konstitutiv für Leibniz' Philosophie ist weiterhin das Prinzip der Kontinuität. Aus dem von Galileo Galilei festgestellten Gesetz der gleichmäßig beschleunigten Bewegung entwickelt Leibniz die Differentialrechnung. Er fragt sich: Wie kann die gleichmäßig beschleunigte Geschwindigkeit eines fallenden Gegenstandes festgestellt werden? Mit Leibniz und auch Isaac Newton, der unabhängig von ihm die gleiche Entdeckung gemacht hat, geschieht dies „von Bahnpunkt zu Bahnpunkt". Über die Differentialquotienten, deren Differentiale ins unendlich Kleine nach Null konvergieren, wird die Geschwindigkeit in einem Bahnpunkt errechnet und mit Hilfe eines Koordinatensystems veranschaulicht.

Leibniz wollte die mathematischen Grundlagen für das philosophische Denken fruchtbar machen. Ein Begriff lässt sich für ihn aus einem anderen mit Hilfe des Kontinuitätsprinzips herleiten, das für die Mathematik Gültigkeit beansprucht. Als Beispiel kann das Begriffspaar „Ruhe" und „Bewegung" gelten. Wie lässt sich die „Ruhe" bestimmen? Nicht als Stillstand, so würde Leibniz sagen, sondern als eine „Bewegung" von unendlich geringer Geschwindigkeit.

Weiterhin ist der Begriff „Kraft" für Leibniz' Philosophie wichtig. Mit diesem wird das Maß der Bewegung festgestellt: „Kraft ist der gegenwärtige Zustand selbst, sofern er einen folgenden im Voraus involviert." So lässt sich der nächste Zustand mathematisch erfassen. Vergegenwärtigen wir uns, wie die in viele kleine Bahnpunkte unterteilte Geschwindigkeit kontinuierlich zunimmt. Die Kraft wird in jedem einzelnen Bahnpunkt, der unendlich klein ist, in einem bestimmten Zustand dargestellt. Jeder Bahnpunkt ist notwendig für den folgenden. Die Kraft wirkt kontinuierlich. Mit dem Begriff der Kraft, der ihr zugehörigen Arbeit und dem Kontinuitätsprinzip vermag Leibniz die wechselvollen Vorgänge und Gegebenheiten in der Natur anschaulich in ihrem Zusammenhang zu erklären.

Leibniz war ein ganz und gar passionierter Wissenschaftler, gelegentlich auch ein anregender Unterhalter. Ein philosophischer Verführer war er nicht. Es wird erzählt, dass er auf einem Ball eine Prinzessin aus dem Hause Holstein kennen lernen wollte. Leibniz suchte eine günstige Gelegenheit, um sie anzusprechen. Als er diese gekommen glaubte, fragte er: „Hoheit, darf ich Ihnen ein Integral lösen?" Die Prinzessin reagierte erstaunt, ein wenig entrüstet und erwiderte mit hochrotem Kopf: „Doch nicht hier … vor allen Gästen!" Leibniz hatte sich offensichtlich nur um ein Gespräch über mathematische Probleme bemüht und konnte sich nicht vorstellen, dass sich die Prinzessin nicht für seine Forschungen interessierte. Dass Fragen der Integralrechnung nur in einem privaten Umfeld erörtert werden können, wollte der Philosoph nicht einsehen. Leibniz erwiderte überrascht: „Ihre Hoheit haben mich sicherlich falsch verstanden … Was verstehe ich denn Ihrer Meinung nach unter einem Integral?" Daraufhin entgegnete die Prinzessin, nun sichtlich empört: „Wenn Sie so fragen, kann ich es mir schon denken!" Leibniz blieb, ein wenig verwundert, allein zurück. Fortan sprach die Prinzessin nie wieder mit ihm.

Als anregenden Gesprächspartner indessen schätzten ihn zu späteren Zeiten durchaus etliche Damen der höheren Gesellschaft, von einer Liaison ist nichts überliefert. Er brachte seine Tage als Junggeselle zu. Besonders ansehnlich oder charmant im Umgang war der Philosoph nicht. Leibniz war glatzköpfig, ging gebeugt und bevorzugte ein schlichtes, einfaches Leben. Er porträtierte sich selbst auf folgende Weise: „Er ist von hagerer, mittlerer Statur, hat ein blasses Gesicht, sehr oft kalte Hände, Füße, die wie die Finger seiner Hände nach Verhältnis der übrigen Teile seines Körpers zu lang und zu dünn sind, und keine Anlage zum Schweiß. Seine Stimme ist schwach und mehr fein und hell als stark, auch ist sie biegsam, aber nicht mannigfaltig genug; die Kehlbuchstaben und das K sind ihm schwer auszusprechen."

Einige Jahre nach dem Ausscheiden aus dem diplomatischen Dienst des Kurfürstentums folgte Leibniz einem Ruf nach Hannover als Bibliothekar und Justizrat. Er wurde 1690 an die herzogliche Bibliothek in Wolfenbüttel berufen, residierte aber weiterhin in Hannover. Diese Aufgabe füllte ihn jedoch nicht aus. Leibniz wachte streng über den Bestand der Bücher und verfügte, dass diese nicht ausgeliehen werden dürften. Hannover mochte er gar nicht. Die Stadt erschien ihm trist, öde und provinziell. Engagiert trieb Leibniz neue Studien und hatte nun die Idee, eine Geschichte des Hauses Welfen zu schreiben. Der Kurfürst zeigte sich angetan, wenngleich er sicherlich über die Zugangsweise seines Hofbibliothekars gestaunt hätte. Leibniz war sehr gründlich. Die Geschichte des Hauses Welfen erforderte seines Erachtens geologische und mineralogische Vorstudien. Zunächst beschäftigte er sich mit der regionalen Erdkunde. Nur Leibniz schien zu wissen, worüber er schreiben wollte. Nach einer gründlichen Aufarbeitung der Geschichte des Bodens rund um Hannover beschäftigte sich Leibniz mit der Entstehungsgeschichte der Erde. Er schrieb anscheinend über alles Mögliche, nur nicht über die Geschichte der Welfen. Der Kurfürst bemerkte, dass Leibniz mit vielem beschäftigt war, noch mehr zu Papier brachte, ohne sich dem eigentlichen Forschungsgegenstand zu widmen. Schließlich verfasste Leibniz eine Empfehlung für Mediziner, mit der Maßgabe, man solle regelmäßig, zur allgemeinen Gesundheit die Temperatur bestimmen. Eine Rentenkasse hielt er für wünschenswert. Weiterhin arbeitete er an Plänen für ein Unterseeboot. Die Optimierung von Türschlössern beschäftigte ihn ebenso wie der Plan zu einem Gerät, das die Geschwindigkeit des Windes bestimmen sollte. Leibniz strebte nach der Gründung von Akademien.

Alle Projekte scheiterten, einzig die preußische „Sozietät der Wissenschaften" wurde eingerichtet und Leibniz zu deren Präsidenten erkoren. Man hielt ihn für einen entrückten, seltsamen, in hohem Maße wunderlichen Gelehrten, so dass er nicht einmal zur ersten Sitzung der Akademiemitglieder eingeladen wurde. Friedrich der Große bemerkte im Blick auf Leibniz: „Er stellte für sich eine ganze Akademie dar." Möglicherweise war man auch seiner gut gemeinten Ratschläge überdrüssig, die er ungefragt mitteilte. Leibniz scheute sich nicht, neue Steuern zur Aufbesserung der Landeskasse zu empfehlen, auf Feuerspritzen etwa und auf Kalender, auf Reisepässe, Maulbeerbäume und Branntwein. Auch über die Sanierung der Bergwerke im Harz dachte er nach. Seine Ratschläge nahm man zur Kenntnis. Auf eine ernsthafte Diskussion der vielfältigen Anregungen des Philosophen wurde verzichtet.

Leibniz trieb zahllose wissenschaftliche Studien in nahezu allen Bereichen menschlicher Erkenntnis, von der Mineralogie bis zur Mechanik, von der Nationalökonomie bis zur Sprachwissenschaft. Zugleich arbeitete er an seinen philosophischen Hauptwerken, in denen er die Modelle zur Erklärung der Natur, die Descartes vorgelegt hatte, zu modifizieren versuchte, so dass die kalte Mechanik der Welt wieder mit der glaubensvollen Haltung zum Schöpfergott in Einklang gebracht wurde. Daher führte Leibniz den Begriff der Zweckursache ein und entwickelte die Theorie der Monaden, die, anders als Atome, einfache, lebendige, geisterfüllte Krafteinheiten sind. Das ganze Universum lässt sich in jeder Monade wiederentdecken, es wird gewissermaßen in differenzierten Anschauungen in diesen gespiegelt. Monaden werden gebildet durch die „beständige Ausblitzungen der Gottheit von Augenblick zu Augenblick". Sie sind aufnahmefähig für Metaphysisches und Geistiges, vermögen sich dieses auch anzueignen, aber nicht jede Monade in gleicher Weise. Graduell unterscheiden sie sich. Weiterhin befasste er sich mit einem Projekt, das er als das „Alphabet der menschlichen Gedanken" bezeichnete. Das Werk blieb ein Fragment, wie so vieles, was er auszuarbeiten begonnen hatte. Er bemerkte im Blick auf seinen ungezügelten Forschungseifer in einem Brief: „Ich stelle Untersuchungen in den Archiven an, hole alte Papiere hervor und sammle ungedruckte Urkunden. Ich erhalte und beantworte Briefe in großer Zahl. So viel Neues habe ich aber in der Mathematik, so viele Gedanken in der Philosophie, so viele andere literarische Beobachtungen, die ich nicht gerne möchte abhanden kommen lassen, dass ich oft nicht weiß, was zuerst zu tun ist."

Es gab eigentlich nichts, was ihn nicht interessierte – von Windmühlen und Wasserpumpen bis hin zu dem farbigen Spektrum menschlicher Gefühle. Über die Liebe schrieb er: „Liebe ist allumfassendes Wohlwollen, und Wohlwollen ist Gesinnung zur Liebe. Lieben aber heißt, sich an der Glückseligkeit eines anderen zu erfreuen oder, was auf dasselbe hinausläuft, die Glückseligkeit eines anderen sich zu Eigen zu machen. Damit ist das schwierige, auch in der Theologie schwerwiegende Problem gelöst, wie es eine uneigennützige Liebe geben kann, geschieden von Hoffnung, Furcht und jeglicher Rücksicht auf den eigenen Vorteil: Wessen Glückseligkeit uns erfreut, dessen Glückseligkeit greift auf unsere eigene Glückseligkeit über, denn was erfreut, wird um seiner selbst willen erstrebt." Geradezu hymnisch pries der Philosoph das Glück des Augenblicks und nannte das subjektive Empfinden des irdischen Beglücktseins ein „Geschenk an die ganze Welt" und die Gerechtigkeit sei nicht mehr und nicht weniger als die „Nächstenliebe des Weisen". Leibniz ermahnte die Gelehrten zu „Klarheit in den Worten" und „Brauchbarkeit in den Sachen", tadelte eine verquaste Ausdrucksweise und hielt es für unsachgemäß, ohne Not Fremdwörter zu verwenden: „Und wenn Volkswörter zur Verfügung stehen, so ist es eine Sünde, durch meist unbequeme selbst gemachte Neuwörter die behandelten Gegenstände zu verdunkeln." Der Philosoph, der seine Werke zumeist in lateinischer oder französischer Sprache abfasste, bekannte: „Jede Rede ist um so verständlicher, je mehr ihre Ausdrücke der Volkssprache entnommen sind. Wenn also irgendwelche Ausdrücke der Volkssprache zu Gebote stehen, die gleich knapp und treffend sind, so soll man sich der Fachausdrücke enthalten."

Die Gespräche mit Prinzessin Sophie Charlotte von Preußen veranlassen ihn zu seinem großen Werk „Die Theodizee", das er in französischer Sprache verfasste: „Essais de theodicée ou sur la bonté de Dieu, la liberté de l'homme et l'origine du mal". Dabei handelt es sich um eine Schrift über die Güte Gottes, über die Freiheit des Menschen und den Ursprung des Übels. Gott musste die beste aller Welt erschaffen, nicht weil er allmächtig, sondern moralisch dazu bestimmt war. Leibniz verfasste noch etliche kleine Schriften zur Metaphysik. Er wollte nichts lieber als Hannover verlassen, was ihm aber verwehrt blieb. An eine hässliche Provinzstadt gebunden zu sein, statt nach Berlin oder Wien für immer gehen zu dürfen, betrübte ihn sehr: „Alles, was mich geistig und körperlich beengt, kommt daher, dass ich nicht in einer großen Stadt wie Paris oder London lebe, welche an gelehrten Männern Überfluss haben, von denen man lernen und von denen man sich helfen lassen kann. Denn es gibt vieles, was nicht durch einen einzigen ausgeführt werden kann. Doch in Hannover trifft man kaum jemanden, mit dem man sich unterhalten kann oder man gilt vielmehr in diesem Lande für keinen guten Hofmann, wenn man über wissenschaftliche Themen spricht."

1713 wurde Leibniz in Wien gar zum Kaiserlichen Hofrat ernannt, aber das Haus Welfen ließ ihn nicht fort. Er kränkelte, ganz der Wissenschaft verschrieben, studierte beharrlich weiter, verfasste 1714 die „Monadologie" und die Schrift „Vernunftgegründete Prinzipien der Natur und der Gnade". In einem Bericht über den alten Leibniz heißt es: „Er studierte in einem hin und kam oft tagelang nicht vom Stuhle. Ich glaube, dass sich davon am rechten Beine eine Fluxion oder offener Schaden bildete. Dies machte ihm beim Gehen Beschwerden; er suchte es sich also zuzuheilen, und zwar mit nichts anderem, als darauf gelegtem Löschpapier, aber sobald dieses geschehen, bekam er heftiges Podagra. Dieses suchte er durch stilles Liegen zu besänftigen, und damit er im Bette studieren könnte, zog er die Beine krumm an sich. Die Schmerzen aber zu verhindern und die Nerven unfühlbar zu machen, ließ er hölzerne Schraubstöcke machen und dieselben überall, wo er Schmerzen fühlte, anschrauben. Ich glaube, er habe dadurch seine Nerven verletzt, so dass er die Füße zuletzt gar wenig brauchen konnte, da er denn auch fast stets im Bette lag."

Leibniz war nahezu bewegungsunfähig. Ärzten misstraute er. Seine therapeutischen Bemühungen mit dem Löschpapier blieben erfolglos. Er litt an Gicht. Nervenschmerzen plagten ihn. Die Schmerzen wurden stärker, aber Leibniz weigerte sich, Ärzte zu Rate zu ziehen, schließlich hatte er doch voller Überzeugung die so genannte Heilkunst als „Wissenschaft zum Grab" bezeichnet. Am 13. November 1716 indessen ließ er Johann Philipp Seip rufen, einen Arzt, dem er lose freundschaftlich verbunden war und den er unabhängig von seiner Profession schätzte. Seip untersuchte den sterbenskranken Philosophen, ohne ihm noch helfen zu können. Leibniz starb 70-jährig am folgenden Tag und wurde in der Neustädter Hof- und Stadtkirche Sankt Johannis beigesetzt, unweit seines Wohnhauses mitten in jener Stadt Hannover, die er liebend gern verlassen hätte.

Die Monadologie

Das vielschichtige Werk von Gottfried Wilhelm Leibniz lässt sich schwerlich begreifen, wenn man die philosophischen Abhandlungen von den Traktaten zur Mathematik, Mechanik und Naturwissenschaft löst. Seine Zugangsweise verbindet metaphysische Spekulation mit der geistigen Orientierung an Physik und Dynamik. Leibniz' philosophische Theorie zur Erfassung der Wirklichkeit dieser Welt mutet auf den ersten Blick ausgesprochen kompliziert und zugleich etwas undurchsichtig an. Die Darlegung der Monadenlehre gehört zu den herausragenden philosophischen Leistungen des Denkers. Diese gilt es zunächst nachzuvollziehen.

Was ist eine Monade? Dieser Begriff basiert auf dem griechischen Wort „monas" und heißt übersetzt: „Einheit". Die Monade ist die Substanz, die Einheit und Aktivität verbindet. „Die Monaden sind nichts weiter als einfache Substanzen, welche in dem Zusammengesetzten enthalten sind. Einfach heißt, was ohne Teile ist. Einfache Substanzen muss es geben, weil es Zusammengesetztes gibt; denn das Zusammengesetzte ist nichts anderes als eine Anhäufung oder ein Aggregat von Einfachem. Nun ist aber da, wo es keine Teile gibt, weder Ausdehnung, noch Figur, noch Zerlegung möglich. Die Monaden, von denen ich spreche, sind also die wahren Atome der Natur und mit einem Worte die Elemente der Dinge. Auch ist ihre Auflösung nicht zu fürchten und es ist undenkbar, dass eine einfache Substanz auf irgendeine natürliche Weise zugrunde gehen könnte. Aus dem nämlichen Grunde ist es undenkbar, dass eine einfache Substanz auf irgendeine natürliche Weise beginnen könnte; da sie ja nicht durch Zusammensetzung gebildet zu werden vermag. Man kann also sagen, dass die Monaden nur auf einen Schlag anfangen und auf einen Schlag aufhören können. Sie können nur anfangen durch Schöpfung und aufhören durch Vernichtung, während das Zusammengesetzte aus Teilen entsteht und in Teilen vergeht."

Leibniz führt aus, dass in jedem in der Welt vorfindlichen Gegenstand Kräfte wirken. Was wir erkennen, ist nicht oder noch nicht die Wirklichkeit. Wir sehen nur etwas, was die eigentliche Wirklichkeit umschließt. Ein Gegenstand ist mehr als eine „res extensa". Die Bestimmung von Descartes genügt also nicht. Wir sehen sehr wohl, dass Gegenstände eine bestimmte Größe und Ausdehnung haben, die wir erfassen und messen können. Gegenstände lassen sich berühren und abtasten. So können wir die Ausdehnung auch empirisch nachvollziehen. Doch können wir mit dem Begriff der „res extensa" erklären, warum Gegenstände bewegt werden? Vermögen wir auf diese Weise zu sagen, was ein Tier – sagen wir einen Elefanten – motiviert, einen anderen Elefanten mit dem Rüssel zu berühren? Wissen wir, warum ein Mensch sich vielleicht unserer Berührung entzieht? Der Begriff „res extensa" vermag also die Bewegung und den Widerstand nicht zu erklären. Leibniz behauptet, dass sich hinter dieser Wirklichkeit eine zweite Ebene befände. Unsichtbare Kräfte wirken in den Dingen dieser Welt, in den Gegenständen und in den Lebewesen. Grundlage dieser ist die Monade, ein verborgenes Kraftzentrum, die kleinste Einheit, unteilbar und ursprünglich, die in allen Organismen als tätiges, wirkendes Prinzip vorhanden ist, gewissermaßen eine Steuerungseinheit. Die Monade wird als lebendig vorgestellt. Diese Substanz, die einfach oder zusammengesetzt ist, benennt Leibniz als ein der Tätigkeit fähiges Wesen. Die Monade nennt er dementsprechend „einfache Substanz", die über keine Teile verfügt. Die zusammengesetzte Substanz besteht aus verschiedenen Einheiten oder Monaden.

Monaden existieren überall in der belebten Natur: „Die zusammengesetzten Dinge oder Körper sind Vielheiten; die einfachen Substanz, das Lebendige, die Seelen, die Geister sind Einheiten. Nun muss es wohl überall einfache Substanzen geben, weil es ohne die einfachen keine zusammengesetzten gäbe. Infolgedessen ist die ganze Natur voller Leben." Wie die Natur vorgestellt werden kann, schildert Leibniz anschaulich: „Jedes Stück Materie kann gleichsam als ein Garten voller Pflanzen oder als ein Teich voller Fische aufgefasst werden. Aber jeder Zweig der Pflanze, jedes Glied des Tieres, jeder Tropfen seiner Säfte ist wieder ein solcher Garten und ein solcher Teich. Und obwohl die Erde und die Luft zwischen den Pflanzen des Gartens oder das Wasser zwischen den Fischen des Teiches weder Pflanze noch Fisch sind, enthalten sie doch auch noch Pflanzen und Fische, nur meistens von einer uns unerfassbaren Feinheit. So gibt es nichts Ödes, nichts Unfruchtbares, nichts Totes im Universum."

Die Monaden, die geschaffenen Substanzen, können sich in sich selbst verändern. Leibniz bestimmt sie als unstofflich. Der Zustand einer Monade ist für ihn eine „Perzeption". Dies heißt eigentlich, dass es sich hierbei um eine Wahrnehmung handelt oder um eine Vorstellung. Leibniz meint damit jedoch eher eine Art komplexen Plan, die Summe aller Mitteilungen und Informationen. Der Übergang zu einem anderen Zustand, zu einer neuen „Perzeption" geschieht mittels der „Begehrung". Nur in diesem Wechsel der Zustände besteht ihre Tätigkeit. Leibniz schreibt: „Folglich lässt sich eine Monade, als solche und in einem Zeitpunkt verstanden, von einer anderen nur durch ihre inneren Eigenschaften und Tätigkeiten unterscheiden, die in nichts anderem bestehen können als in ihren Perzeptionen (d.h. in den Darstellungen des Zusammengesetzten oder des außerhalb ihrer sich Befindenden im Einfachen) und in ihren Begehrungen (d.h. in ihren Bestrebungen, von einer Perzeption zur anderen überzugehen), welche die Prinzipien der Veränderung sind. Denn die Einfachheit der Substanzen hindert keineswegs die Vielheit verschiedener Zustände, die sich in dieser selben einfachen Substanz zusammenfinden und in der Mannigfaltigkeit ihrer Beziehungen zu den äußeren Dingen bestehen."

Die Monaden bleiben in sich selbst. Leibniz nennt sie in der berühmten Wendung „fensterlos". Nichts gelangt in sie hinein. Die Monade steht in keinerlei Austausch mit der sie umgebenden Außenwelt: „Die Akzidenzien können sich nicht von den Substanzen loslösen und außerhalb ihrer herumspazieren, wie es ehemals die species sensibiles der Scholastiker taten. Also kann weder Substanz noch Akzidenz von außen in eine Monade hineinkommen." Da Leibniz kategorisch Wechselwirkungen zwischen Monaden ausschließt, besteht keinerlei von außen initiierte Veränderung. Die Monaden sind voneinander verschieden. Keine einzige gibt es doppelt. Die Modifikationen, die entstehen, beruhen auf einem inneren Prinzip der Monaden, in der die paradoxe Vorstellung Widerhall findet, dass die mit sich selbst einige Monade in sich selbst Momente des Wandels aufweist. Begründet liegt dies in der jeweiligen inneren Verfasstheit der für sich bestehenden, autonomen Monade: „Außer dem Prinzip der Veränderung muss es aber auch noch eine Besonderheit des Wechselnden geben, die gewissermaßen die verschiedenen und mannigfaltigen Arten der Monaden ausmacht. Diese Besonderheit fasst notwendig eine Vielheit in der Einheit oder in dem Einfachen in sich. Denn da alle natürliche Veränderung gradweise vor sich geht, so wechselt immer einiges, während anderes bleibt; folglich muss es in der Monade eine Mehrheit von Regungen und Beziehungen geben, obwohl sie keineswegs aus Teilen besteht."

Die Monaden können nicht erzeugt und auch nicht vernichtet werden. Sie sind so alt wie das Weltgefüge, das der Veränderung, aber nicht der Vernichtung unterliegt. Die Monaden sind gestaltlos. In der Flucht der Erscheinungen bilden sie die eigentliche Realität. Begreifen lässt sich die Monade nur durch die ihr eigentümlichen inneren Eigenschaften und Tätigkeiten, die in jeweils unterschiedlichen Perzeptionen und Begehrungen bestehen: „Denn die Einfachheit der Substanz hindert keineswegs die

Vielheit verschiedener Zustände, die sich in dieser selben einfachen Substanz zusammenfinden und in der Mannigfaltigkeit ihrer Beziehungen zu den äußeren Dingen bestehen müssen. Das ist wie bei einem Zentrum bzw. einem Punkt, wo – so einfach er ist – sich eine unendliche Anzahl von Winkeln findet, die durch die in ihm zusammentreffenden Linien gebildet wird."

Gott hat die Vielfalt der Monaden geordnet. Es gibt einfache Monaden und Zentralmonaden. Der Aufbau der Natur spiegelt dies wider. Leibniz sagt, dass es überall einfache Substanzen gebe und ausgezeichnete Monaden, die die steuernde Mitte, das seelische Zentrum oder den Geist einer zusammengesetzten Substanz bilden würden. Ein solches Bewegungsprinzip findet sich etwa in einem Tier. Diese Zentralmonade macht seine Einzigartigkeit aus, den jeweiligen Organismus: „Dieser Körper ist organisch, wenn er eine Art Automat oder natürlicher Maschine bildet, die nicht nur im Ganzen, sondern auch in den kleinsten Teilen, die man bemerken kann, Maschine ist. Da nun infolge der durchgängigen Erfüllung der Welt alles miteinander in Verbindung steht und jeder Körper, je nach der Entfernung, mehr oder weniger auf jeden anderen Körper einwirkt und so durch dessen Reaktion betroffen wird, so folgt daraus, dass jede Monade ein lebendiger, der inneren Tätigkeit fähiger Spiegel ist, der das Universum aus seinem Gesichtspunkte darstellt und ebenso eingerichtet ist wie das Universum selbst." Die Perzeptionen in der jeweiligen Monade folgen entsprechend den vorherbestimmten „Zweckursachen des Guten und des Bösen". Zwischen den Perzeptionen der Monaden und den Bewegungen der Körper besteht eine „vollkommene Harmonie", die von Anfang an zwischen Wirk- und Zweckursachen prästabiliert eingerichtet ist. In dieser besteht die „Übereinstimmung und die natürliche Vereinigung von Seele und Körper", ohne dass die Gesetzmäßigkeiten dieser in irgendeiner Form geändert werden müssten. Die endlichen Monaden, also sämtliche Monaden, die mit einem vergänglichen Körper verbunden sind, verfügen nur über begrenzte Erkenntnisfähigkeiten. Die jeweiligen Zentralmonaden lösen sich offenbar nach dem Tod des Körpers von diesem und bestehen fort, in einem Zustand der Bewusstlosigkeit, eine Art Zwischenreich, in dem sie vor der Geburt und nach dem Tod bestehen, bis sie neu mit einem Körper verbunden werden. Da sie nur begrenzt der Erkenntnis fähig sind, wissen sie auch hierüber nichts. Einzig Gott verfügt über deutliche Einsicht. Er ist ganz und gar körperloser Geist.

Leibniz stellt eine Verwandtschaft zwischen Mensch und Tier fest. Tiere lernen auf empirischem Weg, die Menschen durch Erfahrung und auch durch die Vernunft, die das unterscheidende Merkmal ist. Nichtsdestoweniger spricht Leibniz von „Tierseelen", die der Empfindung durchaus fähig seien. Der Philosoph benennt einige Beispiele, wie Tiere zu lernen vermögen, ob durch Züchtigung oder durch besonderes Training, welches graduell von der jeweiligen Beschaffenheit der tierischen Seele oder Zentralmonade abhängig ist. Menschen, die ausschließlich empirisch verfahren, würden wie Tiere handeln. Die Vernunft ist etwas „Erhabenes", und dies zeichnet die Lebensform Mensch aus. Daraus ergibt sich eine Rangfolge der Monaden: „Das wahrhaft vernünftige Schlussfolgern aber hängt ab von den notwendigen oder ewigen Wahrheiten, wie es die der Logik, der Arithmetik, der Geometrie sind, die eine unzweifelhafte Verknüpfung der Ideen und unmittelbare Folgerungen herstellen. Diejenigen Lebewesen, bei denen sich diese Folgerungen nicht beobachten lassen, werden Tiere genannt; die aber, die diese notwendigen Wahrheiten erkennen, heißen vernunftbegabte Lebewesen im eigentlichen Sinne, und ihre Seelen werden Geister genannt. Diese Seelen sind der Reflexion fähig und in der Lage, das in den Blick zu fassen, was man Ich, Substanz, Seele, Geist nennt, mit einem Wort: die immateriellen Dinge und Wahrheiten. Eben dieses befähigt uns zur Wissenschaft oder zu beweiskräftigen Erkenntnissen." Am

Ende dieser Hierarchie befindet sich die körperlose Urmonade. Dabei handelt es sich um Gott.

Gott und Gottesbeweis

Von der Physik gelangt Leibniz zur Metaphysik. Die Kontingenz in der Welt muss auf einem letzten Grund, einer ersten Ursache basieren, die nicht Teil dieser Kontingenz sein kann. Nichts geschieht ohne einen zureichenden Grund, dies benennt der Philosoph als ein gültiges, fortdauerndes und allerorten gegenwärtiges Prinzip. Darum schreibt er: „Ist dieses Prinzip aufgestellt, so wird die erste Frage, die man mit Recht stellen darf, die sein, warum es eher Etwas als Nichts gibt. Denn das Nichts ist einfacher und leichter als irgendetwas. Setzt man ferner voraus, dass es Dinge geben muss, so muss man einen Grund dafür angeben, weshalb sie so existieren müssen, wie sie sind, und nicht anders." Die zufällig in der Welt bestehenden Gegenstände finden den Grund ihrer Existenz nicht in sich selbst, ebenso wenig wie das Universum selbst bloß gerechtfertigt ist durch die Vielfalt bestehender Einzeldinge. Das Kontingente, die Körper und die mit ihnen verbundenen Seelen, kann den Grund für das Dasein des Weltgefüges nicht in sich selbst enthalten. Auch fehlt sich in diesem der Grund für die Bewegung überhaupt. Materie vermag zwar Materie zu bewegen, aber man springt sozusagen nur von einem Anstoß zum nächsten, ohne den Ursprung der Bewegung und den letztlich zureichenden Grund für diese erkannt zu haben. Physikalische Gesetzmäßigkeiten verweisen auf eine metaphysische Verursachung.

Der zureichende Grund, der selbst wiederum keines Grundes bedarf, liegt außerhalb der Reihe zufälliger Dinge. Leibniz entdeckt diesen in einer „Substanz, welche die Ursache der Reihe und ein notwendiges Wesen ist, das den Grund seiner Existenz in sich selbst trägt; denn sonst hätte man noch immer keinen zureichenden Grund, bei dem man stehen bleiben könnte". Der letzte Grund aller Dinge wird als Gott aufgefasst, und dies bildet zugleich die Antwort auf die Frage, warum überhaupt Etwas und nicht vielmehr Nichts sei. Gott, als „einfache ursprüngliche Substanz", schließt alle Vollkommenheit in sich und wird als allmächtig, allgütig und allwissend definiert. Eine inhaltliche Bestimmung des Nichts, welches dem Sein vorgeordnet wäre, ist nicht möglich. Dann wäre das Nichts nicht länger nichts, sondern etwas Seiendes. Also ist die Frage nach dem Nichts sinnlos, da der Grund, auf den sich die Frage richtet, entweder ein Seiendes ist oder nicht besteht. Das Nichts kann nicht befragt werden.

Weiterhin wird Gott durch den Begriff der Gerechtigkeit gekennzeichnet. Niemand kann ein höheres Maß an Gerechtigkeit aufweisen als dieser, der weiser und gütiger ist als alles, was von ihm abhängig ist. Der Verursacher muss das Verursachte stets in jeder Hinsicht übertreffen, auch wenn dies, wie später noch besonders hinsichtlich der Frage der Gerechtigkeit Gottes und der Übel in der Welt zu zeigen sein wird, die Geschöpfe in ihrem Mangel an Erkenntnis nicht sehen können oder sehen wollen: „Kraft des Grundes, durch den die Dinge von ihm ihre Existenz haben, hängen sie auch in ihrer Fortdauer und in ihren Tätigkeiten von ihm ab und erhalten von ihm unaufhörlich alles das, was ihnen eine gewisse Vollkommenheit verleiht; dasjenige aber, was ihnen an Unvollkommenheit bleibt, kommt aus der dem Geschöpf eigenen wesenhaften und ursprünglichen Beschränkung."

Da Gott vollkommen ist, erschafft er die beste aller möglichen Welten, vereinigt die „größte Mannigfaltigkeit" mit der „größten Ordnung". Alle Möglichkeiten sind ihm gegenwärtig, die in dem „göttlichen Verstande" zur Vollkommenheit streben. Das Resultat kann nichts anderes als die beste Möglichkeit sein, die zur Wirklichkeit gebracht wird. Aus dieser Voraussetzung erklärt sich alles Kontingente, das Geschehen in Vergangenheit, Gegenwart und Zukunft, in der Welt, in welcher „den Geschöpfen die größte Macht, das größte Wissen und die größte Güte" zugeteilt sind, in Übereinstimmung mit dem göttlichen Plan für die Ordnung des Ganzen.

Der Mensch vermag die Gedanken Gottes, im Groben, nachzuvollziehen, doch viele Einzelheiten bleiben ihm verborgen. Gleichwohl kann er erkennend Anteil nehmen an der Schöpfung. Denkend kommt er Gott im Rahmen seiner begrenzten Möglichkeiten gleich. Parallelen zwischen Mensch, der kontingent existiert, und Gott, der absolut notwendig existiert, bestehen im Bereich der Mathematik und der Moral. Gott wählte bei der Erschaffung der Welt kraft seiner höchsten Weisheit die am besten geeigneten Gesetze der Bewegung, die sich nicht beweisen lassen, da sie nicht dem „Prinzip der Notwendigkeit", sondern dem „Prinzip der Angemessenheit" folgen. Über die Angemessenheit entscheidet die höchste Weisheit, und sie kann nicht anders als das Beste auswählen. Gerade dies, so sagt Leibniz, sei ein vortrefflicher Beweis für das Dasein Gottes, der freilich nur den Menschen einsichtig ist, welche das Reflexionsvermögen bemühen und den Dingen auf den Grund gehen wollen. Wer sich dem verweigert, wird auch das nicht erkennen können, was für den Philosophen doch offenkundig ist. Leibniz schreibt: „Es folgt weiter aus der Vollkommenheit des höchsten Urhebers, dass nicht nur die Ordnung des Universums die vollkommenste überhaupt mögliche ist, sondern auch, dass jeder lebendige Spiegel, der das Universum unter seinem Aspekt darstellt, d. h. jede Monade, jedes substanzielle Zentrum, die bestgeregelten Perzeptionen und Strebungen haben muss, die mit der Gesamtheit der übrigen Dinge verträglich sind. Hieraus folgt wiederum, dass die Seelen, d. h. die hervorragendsten Monaden, ja sogar die Tiere aus dem Zustande der Betäubung, in den sie durch den Tod oder einen anderen Unfall geraten sind, wieder erwachen müssen."

Im Weltgefüge besteht die bestmögliche Ordnung. Die Dinge sind auf diese Weise abgestimmt und eingerichtet, dass eine vollendete Harmonie ersichtlich wird. Aus der Geschichte lassen sich die Spuren kommender Zeiten ersehen. Entferntes und Naheliegendes sind gleichsam miteinander verbunden und verwandt: „Die Schönheit des Universums könnte man an jeder Seele erkennen, wenn man alle ihre verborgenen Falten entfalten könnte, die sich jedoch erst merklich mit der Zeit entwirren." Die Seele verfügt über zahlreiche undeutliche Perzeptionen. Die Unklarheit der Erkenntnis liegt hierin begründet. Leibniz fährt fort: „Jede Seele erkennt das Unendliche, erkennt alles, freilich in undeutlicher Weise, so wie ich etwa, wenn ich am Meeresufer spaziere gehe und das gewaltige Rauschen des Meeres höre, dabei auch die besonderen Geräusche einer jeden Woge höre, aus denen das Gesamtgeräusch sich zusammensetzt, ohne sie jedoch voneinander unterscheiden zu können." Die Perzeptionen der menschlichen Seele sind oft verworren, nur Gott hat eine deutliche Erkenntnis von allem Seienden, weil er der Ursprung desselben ist. Auf die Frage „Was ist Gott?" antwortet Leibniz, Gott sei die erste Ursache aller Dinge, der willentlich die Welt geschaffen habe, aus dessen Verstand jede Wesensbestimmung hervorquelle, und Leibniz fügt, in Aneignung mittelalterlicher Vorstellungen, hinzu: „Man hat sehr gut von ihm gesagt, dass sein Zentrum überall, seine Peripherie indes nirgends sei, da ihm alles unmittelbar, ohne irgendeine Entfernung von diesem seinen Zentrum gegenwärtig ist."

Der Mensch entdeckt inmitten eines wohl geordneten Weltgefüges eine Vielzahl von Übeln, schlimmes Leid, furchtbaren Schmerz und vernimmt den unsagbaren Jammer bedrängter Kreaturen, die todesfürchtig um ihr karges Dasein bangen. Er nimmt Kenntnis von Naturkatastrophen und Unrecht, von blutigen Kriegen und vielgestaltigem Unglück. Die Welt, in welcher der Mensch lebt, erweist sich allzu selten als die beste Möglichkeit aller Welten, so dass das reflexionsbegabte Lebewesen, seine Vernunft gebrauchend, an der Güte oder Allmacht des Schöpfers zu zweifeln beginnt. Leibniz hat insbesondere die Frage nach der Gerechtigkeit Gottes beschäftigt und mit einer großen Abhandlung, der „Theodizee", versucht, diese endgültig zu beantworten, um jegliche Zweifel an Gottes unbegreiflicher Güte zu entkräften.

Die Theodizee, die Güte Gottes und der Ursprung der Übel

Wenn Gott, gütig und allmächtig, wirklich existiert, woher stammen die Übel in der Welt? Wenn es keinen Gott gibt, welchen Ursprung hat das Gute? Der Grund des Bösen liegt für Leibniz in der „idealen Natur des Geschöpfes". Jedem Lebewesen eignet eine „ursprüngliche Unvollkommenheit vor aller Sünde" an, eine Begrenztheit, die den Erkenntniskräften und der Einsicht gesetzt ist. Unmöglich erscheint es, alles wissen zu können. So täuscht sich jedes Geschöpf notwendigerweise, macht Fehler, irrt gewissermaßen konstitutiv, absichtslos zwar, aber unaufhebbar. Leibniz identifiziert Gott mit den Begriffen Verstand und Notwendigkeit. Das Wesen der Gegenstände lässt sich nur mit dem Verstand erfassen, nicht aber von Menschen, sondern nur von Gott, der die „ewigen Wahrheiten" über die Natur der Dinge in sich trägt. Im „göttlichen Verstande", nicht in der Materie, befinden sich die „ursprüngliche Form des Guten" und der „Ursprung des Bösen", denn wenn Gott der „Quell aller Dinge" ist, so nehmen auch die Übel hier ihren Ausgang. Dies schränkt, kaum ausgeführt, Leibniz sofort wieder ein, indem er das Böse als Privation, als Beraubung auffasst: „Diese Region ist (um uns so auszudrücken) der Idealgrund des Bösen wie des Guten: Aber im strengen Sinne ist die Formalursache des Bösen nicht als wirkende Ursache aufzufassen; denn wir werden sehen, dass es in der Beraubung, das heißt in dem von der wirkenden Ursache nicht getanen, besteht." Gott selbst handelt nicht böse, aber nur durch ihn besteht die Welt. Er ist Schöpfer des Menschen, also hat er auch die Möglichkeit zum Bösen gedacht und nicht ausgeschlossen.

Leibniz differenziert drei Formen der Übel, das metaphysische Übel, das er die „einfache Unvollkommenheit" nennt, das physische Übel, welches im „Leiden" besteht, und die „Sünde", das moralische Übel: „Obwohl nun das physische und moralische Übel nicht notwendig sind, so genügt ihre Möglichkeit auf Grund der ewigen Wahrheiten. Und da diese ungeheure Region der Wahrheiten alle Möglichkeiten umschließt, so muss es unendlich viele mögliche Welten geben, muss das Übel in mehrere von ihnen Eingang finden, und muss die beste von allen Welten es enthalten: hierdurch ist Gott bestimmt worden, das Übel zuzulassen." Der Mensch ist die „Quelle der Übel", als Geschöpf Gottes Teil des Ganzen, in all seiner Unzulänglichkeit von Gott ins Leben gerufen, durch „unaufhebbare Gründe seiner Weisheit", die nicht bestritten werden kann – „alle, die da bekennen, dass Gott den besten Plan gefasst und ihn aus allen möglichen Vorstellungen des Universums erwählt hat, dass der Mensch zu diesem Plane gehört, Missbrauch mit seinem freien Willen treibend und sich ins Elend stürzend, dass Gott die Sünde und das Elend hindert, soweit es die Vollkommenheit des Universums, die nur ein Ausfluss seiner Vollkommenheit ist, zulässt; alle diese, sage ich, zeigen klar und deutlich, dass die Absicht Gottes die gerechteste und heiligste ist, die es nur geben kann, dass die Kreatur allein schuldig ist, dass ihre Beschränkung oder angeborene Unvollkommenheit Quelle ihrer Bosheit und ihr schlechter Wille die alleinige Ursache ihres Elends ist, dass man nicht zum Heile bestimmt sein kann, ohne auch zur Heiligkeit der Gotteskinder berufen zu sein, und dass alle Hoffnung darauf, zu den Erwählten zu gehören, sich nur auf den guten Willen stützen kann, den man durch Gottes Gnade in sich spürt."

Die menschlichen Verfehlungen sind in den göttlichen Plan eingebunden. Der Mensch handelt in Freiheit. Er bestimmt den Willen und agiert entsprechend seinen Maximen. Da Gott als moralisch vollkommen vorgestellt wird, muss es einen „zureichenden Grund" dafür geben, dass er nicht „Welten ohne Sünde und ohne Unglück" geschaffen habe, sondern diese eine, die beste aller denkbaren und möglichen Welten, die schon der Güte, Moralität und Allmacht des Schöpfers wegen die beste sein muss. Leibniz erwägt, dass etwas, das mit begrenztem Verstand als Übel beurteilt wird, in der Konsequenz durchaus das Gute stärken oder bewirken kann. Daher wird ein Übel nur aus der begrenzten Perspektive der leidenden Kreatur Mensch als ein solches aufgefasst, während es im göttlichen Plan letzthin den Weg zu etwas Gutem bahnt, das ohne dieses Übel nicht verwirklicht worden wäre. Leibniz schreibt: „So also muss man die Erschaffung der besten aller Welten auffassen, um so mehr, als Gott sich nicht nur entschieden hat, ein Universum zu erschaffen, sondern auch den Beschluss gefasst hat, das beste von allem zu erzeugen; denn ohne Kenntnis entscheidet er nichts, und seine besonderen Beschlüsse sind nur antizipierende Willensakte …"

Es besteht keinerlei Anlass an der „unendlichen Weisheit Gottes" zu zweifeln. Leibniz formuliert weiterhin: „So groß die unendlichen Möglichkeiten auch seien, so sind sie doch niemals größer als die unendliche Weisheit Gottes, der alle Möglichkeiten erkennt. Ja, übertrifft diese Weisheit nicht auch die Möglichkeiten der Ausdehnung nach, da die Gegenstände des Verstandes das Mögliche nicht überschreiten können, und dieses in gewissem Sinne allein begreifbar ist, so übertrifft sie sie dem Grade nach, auf Grund der unendlichen Verbindungen, die sie aus ihnen herstellt, und der Reflexionen, die sie darüber anstellt. Gott begnügt sich in seiner Weisheit nicht damit, alle Möglichkeiten zu umfassen, vielmehr durchdringt er sie, vergleicht sie und wägt sie gegeneinander ab, um dadurch ihre Vollkommenheit oder Unvollkommenheit, das Starke und Schwache, das Gute und Böse abzuschätzen; ja sie geht noch über die begrenzten Kombinationen hinaus, sie errichtet eine unendlich große Unendlichkeit, d. h. eine Unendlichkeit aller möglichen Folgen des Universums, von denen eine jede unendlich viele Geschöpfe enthält. Dadurch verteilt die göttliche Weisheit alle Möglichkeiten, die sie getrennt schon erkannt hatte, zu universellen Systemen, die sie nun ihrerseits untereinander vergleicht: Und das Resultat all dieser Vergleiche und Reflexionen ist die Auswahl des besten dieser möglichen Systeme, welche die Weisheit trifft, um ihrer Güte ganz Genüge zu leisten, und dies ist nun der Plan des wirklichen Universums. Alle diese Operationen des göttlichen Verstandes besitzen zwar schon an sich natürliche Ordnung und Priorität, bilden aber zusammen ein Ganzes, in welchem keiner zeitliche Priorität zukommt."

Wer Leibniz aufmerksam liest, gewinnt zuweilen den Eindruck, dieser hätte im Rat Gottes gesessen, als die Welt gegründet wurde. Dieser Gott wird auch als „guter Bildhauer" bezeichnet. Zuerst erschuf er das Material, das er bearbeiten wollte, um anschließend aus dem gegebenen Stoff das Beste zu kreieren. Die Geschöpfe sollten, so Leibniz, auch lernen, den Schöpfer richtig zu beurteilen, so dass sie weniger ihren eigenen Erkenntniskräften vertrauten, als der Güte und Weisheit Gottes, welche sich ihnen schon aus dem Begriff heraus zeigt. Leibniz begreift Gottes Allmacht auf folgende Weise: „Gott erschafft aus der Materie die schönste aller möglichen Maschinen, er bildet aus den Geistern die schönste aller denkbaren Regierungen, und darüber hinaus errichtet er aus ihrer Verbindung die vollkommenste aller Harmonien … Gottes Allmacht ist zwar unendlich, aber sie ist durch nichts bestimmt; erst die Güte im Verein mit der Weisheit bestimmt sie zur Erzeugung des Besten."

Der Mensch hingegen sieht nicht, dass dieses Beste auch das ist, was nicht tugendhafter und nicht weiser sein könnte. Unfähig, den Aufbau und die „Ökonomie des Universums" zu begreifen, verkümmert er mit seiner begrenzten Einsicht, verkennt, dass das Weltgefüge in allem dem göttlichen Plan entspricht. Notwendig erschuf Gott die Welt, aus moralischen Erwägungen. Die möglichen Weltentwürfe standen untereinander vorab sozusagen im Wettstreit. Gott war weder ein ausführender Gehilfe, der von einer dunklen Notwendigkeit gezwungen wurde, noch ein beliebiger Baumeister, der alles fügte, wie es ihm zupass kam. Gemäß Gottes Absicht wetteiferten die Möglichkeiten um ihre Verwirklichung, in einem „idealen Kampf" als „Streit der Gründe in dem vollkommensten Verstande", welcher nicht anders als auf vollkommenste Weise zu handeln vermag: „So wie Gott sich entschieden hatte, irgend etwas zu erschaffen, gerieten alle Möglichkeiten untereinander in Wettstreit, denn sie alle verlangen nach Wirklichkeit; und dabei siegten diejenigen, die zusammen die größte Realität, Vollkommenheit und Vernünftigkeit erzeugen."

Er erwählte das Beste, ohne jeden Zwang, wie Leibniz zunächst sagt, schließlich aber ergänzt, dass er doch gewissermaßen einem inneren Sollen gehorchte, nämlich der „moralischen Notwendigkeit", weil er das Beste wählen musste, und zu diesem Besten, zum „größten Gut" trägt auch das Böse bei. Die „größte Vollkommenheit des Universums" resultiert auch aus den Sünden und Fehlern, die auftreten. Dieses Beste wählte Gott, nicht weil die Geschöpfe ihn dann berechtigterweise kritisiert hätten – solcher Einspruch wäre höchstens marginal zu nennen –, sondern er wäre mit sich selbst unzufrieden gewesen, tadelte die Unvollkommenheit des eigenen Werkes und verstieße gegen die „höchste Glückseligkeit der göttlichen Natur". Ein solcher Gott wäre, anders ausgedrückt, nicht mehr Gott der rationalistischen Metaphysik der Neuzeit. Leibniz schreibt: „Diese überlegene

Weisheit konnte in Verbindung mit einer nicht weniger unendlichen Güte einzig und allein das Beste erwählen. Denn wie ein geringes Übel eine Art Gut und ein geringes Gut eine Art Übel ist, wenn es ein größeres Gut verhindert, so hätte man Ursache, die Handlungen Gottes zu tadeln, wenn es ein Mittel gäbe, es besser zu machen. Und wie in der Mathematik ohne ein Maximum oder Minimum, kurz ohne etwas bestimmt Unterschiedenes, alles gleichförmig verläuft, oder wenn dies nicht möglich ist, überhaupt nichts geschieht, so lässt sich dasselbe von der vollkommenen Weisheit sagen, die den gleichen Regelmäßigkeiten untersteht wie die Mathematik: Gäbe es nicht die beste (optimum) aller möglichen Welten, dann hätte Gott überhaupt keine erschaffen. ‚Welt‘ nenne ich hier die ganze Folge und das ganze Beieinander aller bestehenden Dinge, damit man nicht sagen kann, mehrere Welten könnten zu verschiedener Zeit und an verschiedenen Orten bestehen. Man muss sie insgesamt für eine Welt rechnen, oder, wie man will, für ein Universum. Erfüllte man jede Zeit und jeden Ort; es bleibt dennoch wahr, dass man sie auf unendlich viele Arten hätte erfüllen können und dass es unendlich viel mögliche Welten gibt, von denen Gott mit Notwendigkeit die beste erwählt hat, da er nichts ohne höchste Vernunft tut."

Nur warum hat Gott überhaupt die Welt erschaffen? Fand er nicht bei sich selbst Genüge? Gott wollte „seine Vollkommenheiten" zeigen, darum fasste er den „Plan zur Schöpfung". Er antizipierte die „Handlungen seiner Kreaturen" im „Zustande reiner Möglichkeit" und berücksichtigte dies für den dem Werk „angemessensten Plan". Leibniz schreibt Gott eine Vielzahl von Absichten bei der Erschaffung der Welt zu. Doch wie harmoniert dies mit dem letztlich doch unabweisbaren Leid, das Menschen widerfährt? Dies mindert bei den Betroffenen nicht allein das begrenzte Glück in der Zeitlichkeit, sondern macht es sogar unmöglich. Welches Maß an Glück kommt denn jenen zu, die Unglücksfällen oder Kriegen zum Opfer fallen? Wie vermag man jene noch in diesem Plan berücksichtigt finden, die an schweren Krankheiten leiden oder die ihre liebsten Mitmenschen qualvoll sterben sehen? Ist Gott etwa gleichgültig gegenüber dem Schicksal der Individuen, denen er doch, wie Leibniz ausführt, eigentlich ein hohes Maß an Glück schenken möchte?

Der Philosoph scheint den Menschen zwar einen hohen, aber keinen absoluten Wert zuzusprechen. Außerdem gibt er zu bedenken, dass es durchaus möglich sein könne, dass das „Unglück einiger dieser Kreaturen begleitweise und gleichsam als Folge anderer weit größerer Übel eintreten" könne, und dass auch Not und Elend einer Glückseligkeit, die noch eintreten wird, gleichsam den Weg bereiten. Gott handelt stets in bester Absicht, aus höchster Weisheit und vollendeter Güte. Der Mensch vermag aufgrund seiner konstitutiven Begrenztheit und Schwäche nur nicht das Gute zu sehen, das sich, oft auf verborgene Weise, verwirklicht. Der Schöpfer sieht den Ablauf des Geschehens in seiner Gänze voraus. So wählt er aus, was vollkommen ist. Die Zukunft deutet sich in der Gegenwart bereits an. Gott erblickt das künftig Seiende in dem, was gerade erst entsteht. In jedem Teil des Weltgefüges sieht Gott das Ganze, da alle Dinge auf vollkommene Weise miteinander verbunden sind. Allein der Mensch, der Klage führt, verfügt nur über eine eingeschränkte Perspektive. Was er als mangelhaft beurteilt, trägt in Wirklichkeit zur „Ausschmückung der großen Welt" bei: „Es verhält sich damit wie mit den perspektivischen Erfindungen, wo gewisse schöne Zeichnungen nur unklar hervortreten, bis man sie in ihren wahren Gesichtswinkel bringt oder sie durch ein bestimmtes Glas oder einen Spiegel betrachtet. Wenn man sie richtig stellt und benutzt, werden sie zur Zierde eines Zimmers. So lassen sich die scheinbaren Unschönheiten unserer kleinen Welt mit den Schönheiten der großen vereinigen und nichts mehr steht der Einheit eines unendlich vollkommenen universellen Prinzips im Wege, im Gegenteil, diese Unschönheiten machen seine Weisheit um so bewundernswerter, jene Weisheit, die das Übel dem größeren Gut dienstbar sein lässt."

Leibniz schreibt über Gottes Absichten: „Er gleicht darin einem großen Architekten, der zu seiner Befriedigung oder zu seinem Ruhme einen schönen Palast erbauen will und der nun alles, was zu diesem Gebäude gehört, berücksichtigt: Form und Materialien, den Platz, die Gegend, die Mittel, die Arbeiter, die Kosten: und dies alles, bevor er einen entscheidenden Schritt tut. Wenn der Weise seine Pläne fasst, kann er nämlich den Zweck nicht von den Mitteln trennen: Er nimmt sich nichts vor, ohne zu wissen, ob er auch die dazu notwendigen Mittel besitzt." Die „wunderbare Geschicklichkeit des Schöpfers" erweist sich als ebenso unbestreitbar wie die ihm zugeschriebenen Prädikate. Nur die Kreaturen, darunter auch der Mensch, stellen ein nur „bis zu einem gewissen Grade vollkommenes System" dar, ein Lebewesen, das über Erkenntnismöglichkeiten verfügt, um ein „Fragment" – aber nicht mehr – des „göttlichen Reiches" zu erkennen. Die ganze Natur weist Spuren ihres Schöpfers auf. Leibniz schreibt, dass die Tiere und Pflanzen etwa dem vernunftbegabten Lebewesen dienen, weil es sich mit diesen und mit der Ordnung der Welt beschäftigen kann. Von Natur aus sind dem Menschen aber auch dunkle Vorstellungen und verworrene Gedanken eigen. Dächte er in lichter Klarheit, so wäre er Gott gleich. So aber bestehen die Materie und die Sinneswahrnehmung.

Das Verworrene entsteht erst durch die Beziehungen der Dinge untereinander. Auch dies ist alles für die beste aller Welten notwendig. Leibniz schreibt: „Daher gibt es in meiner Philosophie keine vernünftige Kreatur ohne einen organisierten Körper und keinen geschaffenen Geist, der völlig frei wäre von Materie. Aber diese organisierten Körper unterscheiden sich nicht minder an der Vollkommenheit wie die Geister, denen sie angehören. Da aber die göttliche Weisheit eine körperliche Welt, da sie eine Welt perzeptionsunfähiger und vernunftloser Substanzen brauchte, da sie endlich unter allen möglichen Dingen das erwählen musste, was den besten Zusammenklang ergab und das Laster durch diese Pforte eingetreten ist: so wäre Gott nicht vollkommen gut, nicht vollkommen weise gewesen, wenn er dies ausgeschlossen hätte."

Gott entwickelte das „System der prästabilierten Harmonie" nicht allein wegen der „Beseitigung der überflüssigen Wunder", sondern auch deshalb, „weil es am harmonischsten ist": „Die Wege Gottes sind die einfachsten und gleichmäßigsten: weil er die Gesetze wählt, die sich am wenigsten untereinander beschränken. Durch die Einfachheit des Weges sind sie auch die fruchtbarsten." Dieser Gott, der unendlich vollkommen ist, ist für Leibniz auch unendlich liebenswert. Der Mensch mag noch so sehr hadern mit seinem Los und mit der Welt, in welcher er lebt, folgt er Leibniz' Denken, so lebt er in der besten aller Welten. Ob er aber in Kenntnis dieser Welt einen allgütigen Schöpfergott derselben annehmen und an dessen Dasein und weise Absichten glauben möchte, muss er mit sich selbst ausmachen. Der Mensch könnte wohl leichthin eingestehen, dass ihm nur begrenzte Erkenntnismöglichkeiten gegeben sind – und Leibniz' Antwort auf die Frage nach Gott angesichts der Übel in der Welt dennoch als in sich problematisch ansehen.

Von der prästabilierten Harmonie zum Reich Gottes

Ein bedenkenswertes Moment der Leibniz'schen Philosophie ist die so genannte „prästabilierte Harmonie". Dass für Leib und Seele jeweils unterschiedliche Gesetzmäßigkeiten gelten, wurde vom Philosophen ausgeführt. Ihr Zusammentreffen vollzieht sich entsprechend der „Harmonie, welche unter allen Substanzen prästabiliert" ist. Vor der Begegnung der Substanzen lässt sich bereits ein verborgenes Prinzip einer inneren Stimmigkeit aufzeigen. Die Gesetzmäßigkeiten der „Finalgründe" bestimmen die Seele durch Begehrungen, Mittel und Zweck. Anders verhält es sich mit dem Körper. Dieser folgt dem Gesetz der Bewegungen oder der Wirkursachen. Doch die grundlegenden Bestimmungen und Gesetze stehen einander nicht entgegen. Leibniz sieht dieses harmonische Zusammenwirken in der ganzen Schöpfung, von den Anfängen physikalischer Gesetzmäßigkeiten bis hin zur Sphäre des Glaubens, die letztlich rationalistisch strukturiert und vom Schöpfer auf beste Weise geordnet ist: „So war ich außerdem im Allgemeinem von jenem Prinzip der Harmonie überzeugt und dadurch von der Präformation und der prästabilierten Harmonie zwischen allen Dingen, zwischen der Natur und der Gnade, den göttlichen Entschlüssen und unseren vorhergesehenen Handlungen, zwischen allen Teilen der Materie und sogar zwischen Zukunft und Vergangenheit – alles in Übereinstimmung mit der höchsten Weisheit Gottes, dessen Werke die denkbar harmonischsten sind. Daher musste ich auf dieses System kommen, nach welchem Gott die Seele uranfänglich erschaffen hat, dass sie alles in ihrem Körper Geschehende ordnungsgemäß erzeugen und vorstellen muss, und den Körper so, dass er seinerseits tun muss, was die Seele befiehlt. So müssen die Gesetze, die die Gedanken der Seele in der Ordnung der Endursachen und nach der Aufeinanderfolge der Perzeptionen verbinden, Bilder hervorrufen, die mit den Eindrücken der Körper auf unsere Organe zusammentreffen und übereinstimmen; und ebenso müssen die Bewegungsgesetze der Körper, die in der Ordnung der bewirkenden Ursachen voneinander abhängen, mit den Gedanken der Seele derart zusammentreffen und in Übereinstimmung sein, dass der Körper zu handeln genötigt wird in demselben Augenblick, wo die Seele es wünscht."

Innerhalb des Systems der Leibniz'schen Philosophie werden die Bewegungsgesetze, die den Status von Naturgesetzen haben, weder als notwendig noch als willkürlich bestimmt. Vielmehr entstammen sie der „Wahl der vollkommensten Weisheit". Diese Gesetze müssen als Mittelweg anerkannt sein, als bestmögliche Mitte. Leibniz unterscheidet deutlich zwischen der Notwendigkeit, die als „absolute, metaphysische oder geometrische Notwendigkeit", als „blinde Notwendigkeit" und auch als „moralische Notwendigkeit" vorgestellt werden kann, und der „prästabilierten Harmonie", die als Einrichtung aufgefasst werden soll, wie sie der „freien Wahl der Weisheit" entstammt, und schließlich sei es töricht, das „absolut Notwendige" zu verwechseln mit dem, was durch den „Grund des Besten" bestimmt ist, genauso wie es unangemessen sei, die „durch Vernunft bestimmte Freiheit" mit einer „vagen Indifferenz" zu identifizieren.

Von diesen Reflexionen gelangen wir zu Leibniz' Vorstellung eines Reichs Gottes, das als Verbund vernünftiger Lebewesen vorgestellt wird. Das Reich Gottes ist ein Reich der Gnade, ein Reich, in welchem alle Geister, die von Vernunft beherrscht sind, nach Gemeinschaft mit Gott und nach Gemeinschaft untereinander streben. Auch hier gilt das oben entfaltete Grundverständnis der Ordnung einer „prästabilierten Harmonie". Die „Versammlung aller Geister" ist dieses Reich Gottes, eine „Universal-Monarchie", der „vollkommenste Staat, der unter dem vollkommensten aller Monarchen möglich ist": „Dieses Reich Gottes, diese wahrhafte Universal-Monarchie, ist eine moralische Welt in der natürlichen Welt und das erhabenste und himmlischste unter den Werken Gottes. In ihr besteht die wahre Ehre Gottes, die er ja nicht haben würde, wenn seine Größe und seine Güte nicht von den Geistern erkannt und bewundert wären. Auch übt er seine Güte ganz eigentlich in Bezug auf diesen Gottes-Staat, während sich seine Weisheit und seine Macht allenthalben zeigen."

In der „vernunftbegabten Seele", von Leibniz auch „Geist" genannt, zeigt sich die Ebenbildlichkeit der Gottheit. In ihr spiegelt sich zugleich das Universum der Geschöpfe. Wie der „Geist" im Traum verfährt, darin dem göttlichen Baumeister ähnlich, in der Gestaltung einer imaginären Wunderwelt, so verfährt die „menschliche Seele" auch in ihren „gewollten Handlungen" gottähnlich: „Indem sie die Wissenschaften entdeckt, denen gemäß Gott die Dinge eingerichtet hat, ahmt sie innerhalb ihres Bereiches und ihrer kleinen Welt, in der sie sich betätigen darf, das nach, was Gott in der großen tut." Zwischen den Menschen und den „reinen Geistern", also den Engeln, besteht deswegen eine gemeinschaftliche Verbundenheit. Sie gehören dem „Gottesreich" an, dem der „beste aller Monarchen" vorsteht, ein Reich, in welchem es weder „Verbrechen ohne Bestrafung" noch „gute Taten ohne Belohnung" gibt. Hier findet sich zudem das Höchstmaß an Tugend und Glück. Zum „Wohle der Guten" muss sich alles fügen. Wer sich der Vorsehung anvertraut und seine Pflicht tut, Gott angemessen liebt und ihm folgt, der findet auch an der „Glückseligkeit des Geliebten Freude". Er arbeitet weise und tugendhaft, im Einklang mit dem „mutmaßlichen" oder „vorhergehenden göttlichen Willen". Ein solcher Mensch erkennt die Güte des „geheimen, nachfolgenden oder entscheidenden Willens" an, der aus Gott entspringt. Dieser Wille wird vernünftigerweise als die „Quelle des Guten" gedacht. Ein Mensch wie dieser begreift, „dass wir, wenn wir die Weltordnung hinreichend zu verstehen im Stande wären, finden würden, wie sie alle Wünsche der Weisesten übertrifft, und wie es unmöglich ist, sie besser zu machen als sie ist". Leibniz fährt fort: „Und zwar nicht bloß für das Ganze im Allgemeinen, sondern auch für uns selbst im besonderen, wenn wir nämlich dem Urheber des Ganzen nach Gebühr ergeben sind: sowohl als dem Baumeister und der bewirkenden Ursache unseres Seins, wie auch als unserem Herrn und Endzweck, der das ganze Ziel unseres Willens ausmachen muss und allein unser Glück bewirken kann."

Die höchste Vollkommenheit besteht aufgrund der „prästabilierten Harmonie". Leibniz schreibt: „Und das geschieht nicht durch ein Umkrempeln der Natur, so dass, was Gott den Seelen bestimmt, die Gesetze der Körper störte, sondern gemäß der Ordnung der natürlichen Dinge selbst, kraft der Harmonie zwischen dem Reiche der Natur und dem Reiche der Gnade, die zwischen Gott als Baumeister und Gott als Monarchen seit aller Zeit prästabiliert ist; nämlich so, dass die Natur selbst zur Gnade hinführt, wie andererseits die Gnade die Natur vervollkommnet, indem sie sich ihrer bedient." Harmonie besteht zwischen dem „physischen Bereiche der Natur" und dem „moralischen Bereiche der Gnade". Das Reich der Natur dient dem Reich der Gnade. Nach Gottes Plan ist es diesem beigeordnet. Die vollkommenste Verbindung garantiert die „größte Ordnung" und „Schönheit". Niemals würde Gott, etwa zur Züchtigung sündhafter Kreaturen, die „ganze Naturordnung" aufheben und zerstören, um diejenigen zu bestrafen, die sich vernunftlos dem Bösen hingeben. Jede Vollkommenheit, aber auch jede Unvollkommenheit einzelner Geschöpfe hat ihren eigenen Wert innerhalb des Ganzen. Allerdings kommt keinem Lebewesen ein absoluter Wert zu. Leibniz schreibt: „Daher übersteigt das Wohl der vernünftigen Kreatur oder ihr moralisches und physisches Übel keineswegs unbegrenzt das bloß metaphysische Gut oder Übel, d. h. dasjenige, das in der Vollkommenheit anderer Kreaturen besteht."

Gott erfüllt nicht allein die selbst gegebene Aufgabe als „Baumeister", er fungiert auch als „Gesetzgeber". Das Sündhafte führt gemäß der „Ordnung der Natur" selbst die Strafe nachfolgend mit sich, die „schönen Handlungen" entsprechend erlangen „kraft des mechanischen Gefüges der Dinge" ihren Lohn. Verdammnis und Seligkeit werden nach Verdienst zugeteilt: „Nach dem Parallelismus beider Reiche, dem Reich der Endursachen und dem der wirkenden Ursachen, hat Gott im Universum eine Verbindung zwischen Strafe und Belohnung und zwischen der schlechten oder guten Tat hergestellt, derart, dass die erste die zweite nach sich zieht und Tugend und Laster sich selbst ihre Belohnung und ihre Strafe verschaffen zufolge des natürlichen Verlaufs der Dinge, der noch eine andere Art prästabilierter Harmonie einschließt, als jene im Verkehr zwischen Körper und Seele hervortretende."

Die Vernunft lehrt nicht die „Einzelheiten der großen Zukunft" – diese können nur offenbart werden –, aber mittels der Vernunft vermag der Mensch, sich der „vollendeten Harmonie" der Handlungen Gottes zu versichern und die natürliche Ordnung als auf beste Weise eingerichtet zu erkennen. Leibniz stellt Gott nun noch als die „liebenswerteste aller Substanzen" vor – ein weiteres Prädikat, das der glücklichsten und vollkommensten Substanz zugeschrieben wird. Die Menschen lieben jene Gegenstände, an deren Dasein, an deren Vollkommenheit und Glückseligkeit sie Gefallen finden, und in diesem Sinne sollen sie sich nun, auf die ihnen mögliche beste Weise, Gott zuwenden und auch ihn lieben, ihm die „größte Freude" schenken, die sie geben können. Mag Gott auch nicht wahrnehmbar sein, so ist er, der „keine gute Tat ohne Vergeltung, keine schlechte ohne Züchtigung" geschehen lässt, doch „höchst liebenswert".

Wer Gott uneigennützig liebt, der genießt einen „Vorgeschmack der zukünftigen Glückseligkeit", da die Gottesliebe dem Liebenden wiederum Freude schenkt, aber nicht nur Freude, denn zudem verleiht sie ein „vollkommenes Vertrauen in die Güte unseres Urhebers und Meisters, das eine wahre Ruhe des Geistes schafft". Diese „gegenwärtige Freude" schenkt dem menschlichen Gemüt inneren Frieden und Zuversicht auf dem Weg in die Zukunft. Wer Gott aufrichtig liebt, befindet sich auf dem „Weg des höchsten Glücks". Die „Quelle alles Guten zu lieben", bedeutet auch, zu dem Besten seiner selbst zu gelangen. Gleichwohl ist Gott nicht erreichbar, nie gänzlich erkennbar. Leibniz bemerkt: „Somit wird und soll unser Glück niemals in einem vollkommenen Genießen bestehen, bei dem nichts mehr zu wünschen übrig bliebe und das unseren Geist abstumpfen würde, sondern in einem immerwährenden Fortschritt zu neuen Freuden und neuen Vollkommenheiten."

Das Problem der Willensfreiheit

Kann der Mensch in der besten aller Welten aus freien Stücken agieren? Verfügt er über einen freien Willen? Leibniz trennt das menschliche Wollen vom freien Willen. Wer etwas will, der folgt in Wirklichkeit dem „Endergebnis aller Neigungen". Die „Neigungen" entspringen den Leidenschaften, aber auch der Vernunft. Das Wollen ist gelöst von verstandesmäßiger Einsicht. Das Prinzip der Vorherbestimmung umfasst auch den Menschen. Leibniz sagt, die menschliche Seele sei als „geistiger Automat" zu verstehen, der nur einem festgelegten Rhythmus folgt. Sie vollzieht einen Plan, den sie nicht selbst erdacht hat. Dennoch spricht Leibniz auch von unwillkürlichen, „zufälligen Handlungen" und „freien Handlungen", die nach dem Maßstab „absoluter Notwendigkeit" nicht erforderlich sind. Pointiert formuliert ist das menschliche Handeln vorherbestimmt, jedenfalls im Wesentlichen, aber nicht in allen seinen Bezügen zur Welt. Der Mensch entscheidet frei und bleibt doch an den Plan der göttlichen Vorsehung, an die Vorherbestimmung innerhalb des Weltgefüges untrennbar gebunden.

Diese begrenzte Freiheit lässt sich nicht aufheben, nicht durch die „unfehlbare göttliche Voraussicht", nicht durch die „Prädetermination der Ursachen" und nicht durch die „göttlichen Entschlüsse". Allein diese Formulierung legt die Vermutung nahe, dass Leibniz hier Gottes Allmacht einschränken möchte. Doch das Missverständnis liegt auf gewisse Weise beim Leser, denn der Philosoph sieht keinen Widerspruch zwischen der Vorherbestimmung und der partikularen Willensfreiheit, da auch diese, wie die zufällig entstehenden und durchgeführten Handlungen, bereits als Möglichkeiten des Geschehens von Gott vor der Schöpfung mit konzipiert und berücksichtigt wurden – vergleichbar den Wundern, die auch schon von Anfang an im göttlichen Plan enthalten waren. Durch sein Handeln kann der Mensch dem Plan des Ganzen nur entsprechen. Anderes ist ihm unmöglich. Leibniz schreibt demgemäß: „Bei der Zukünftigkeit und der Voraussicht gibt man dies, wie gesagt, zu, und da der göttliche Beschluss einzig und allein in dem Entschlusse besteht, nach einem Vergleiche aller möglichen Welten die beste von ihnen auszuwählen und ihr mitsamt allem Inhalt Existenz zu geben durch jenes allmächtige ‚Fiat‘, so liegt es auf der Hand, dass dieser Beschluss nichts an der Beschaffenheit der Dinge ändert und dass er sie in dem Zustande belässt, in dem sie sich schon als reine Möglichkeit befanden; d.h., dass er nichts an ihrer Essenz oder Natur und sogar nichts an ihren, schon vollkommen in der Vorstellung dieser möglichen Welt enthaltenen Akzidenzien ändert. Das Zufällige und die Freiheit verbleibt demnach in seinem Zustande angesichts der göttlichen Beschlüsse wie auch angesichts der Vorsehung."

Wie verhält es sich aber mit dem Menschen, der sich vertrauensvoll im Gebet an Gott wendet? Sind auch das aufrichtige Bekennen eigener Verfehlungen und die nachfolgende Reue schon mitbedacht? Leibniz führt aus, dass alle Gelübde und Gebete ebenso wie Verdienste und schuldhaftes Verhalten Gott „vor Augen" gestanden hätten, „als er den Entschluss fasste, die Dinge zu regeln", also als er die Welt erschuf. Was in der Wirklichkeit geschieht, hatte er vorab in der „Idee dieser Welt" als „bloße Möglichkeit" mit allen denkbaren Wirkungen und Folgen vorgestellt und davon gewusst, ehe dies sich ereignete. Das Handeln, welches die „natürliche und übernatürliche göttliche Gnade" empfängt, sah er ebenso voraus wie all jenes Tun, das bestraft werden muss oder dem Belohnung zuteil wird. Gott, so formuliert Leibniz, tat allen Kreaturen Gutes, auch den Tieren, die über „stärkste Annehmlichkeiten", den Geschlechtstrieb, verfügen und ihrem Nachwuchs „große Zärtlichkeit" schenken. Er ersparte ihnen sogar das Leid des Alters und qualvolles Sterben, da die Menschen sie vorher töten. All dies ist vorherbestimmt und auf beste Weise gefügt.

Gott sah das Geschehen voraus, welches sich in Freiheit vollzieht, doch es ist unmöglich, Wissen von Gottes Plan und Absichten zu erlangen. Das vernunftbegabte Lebewesen Mensch verfügt über ein begrenztes Maß an Wissen. Es gilt, aus „Pflicht" zu handeln, „nach der uns von Gott gegebenen Vernunft" und „nach den von ihm vorgeschriebenen Regeln". Wer so handelt, ließe sich ergänzen, muss auch nicht länger über Willensfreiheit und Vorherbestimmung grübeln, sondern kann auf Gott vertrauen und „ruhigen Gemütes" alles ihm überlassen, „denn er wird immer das tun, was er für das Beste hält, nicht nur im Allgemeinen, sondern auch im besonderen für die, welche ihm ihr ganzes Vertrauen schenken, d.h. ein Vertrauen, das sich in nichts von wahrer Frömmigkeit, lebendigem Glauben und heißer Liebe unterscheidet und uns nichts von unserer Pflicht und Dienstbarkeit, die in unseren Händen liegen, versäumen lässt". Der Mensch vermag ihm keine Dienste zu leisten. Dazu müsste er etwas entbehren und auf die Geschöpfe angewiesen sein. Ihm dienen, seinen „mutmaßlichen Willen zu erfüllen suchen", sei das Beste, was der Mensch tun könne, denn so wirkt er „an dem uns bekannten Guten" mit: „Denn wir sollen stets annehmen, dorthin richte sich sein Streben, bis wir aus der Tat ersehen, dass er stärkere, obzwar vielleicht uns unbekannte Gründe hatte, dieses Gute, das wir uns zum Ziel setzen, zugunsten eines anderen weit größeren Gutes hintanzusetzen, eines Gutes, das er sich selbst vorgesetzt hat, und nichts unterlassen hat oder unterlassen wird, um es zu realisieren."

Stets gilt es die Grenzen menschlicher Erkenntnis und des Wissens überhaupt zu bedenken. Der Irrtum ist ein ständiger Begleiter selbst der „vollkommensten Kreaturen". Notwendig sei es, „unvorhergesehenen Zufällen", von denen allein Gott weiß, ausgeliefert zu sein. Man täuscht sich im Urteil, wenn man hierüber Klage führt. Der Mensch, der sich uneinsichtig dagegen sträubt, misstraut Gott und vermag das Gute, was dieser bedacht hat, nur nicht zu erkennen, oder er verkennt, aufgrund seiner mangelnden Erkenntnismöglichkeiten, den möglichen Irrtum, dass das Glück des Menschen das wichtigste Ziel der Schöpfung sei. Statt mit seiner begrenzten Einsichtsfähigkeit zu hadern, klagt er wider Gott.

Doch die Übel, unter denen die Menschen leiden und die sich aus einer von Menschen unbegreiflichen Notwendigkeit heraus ergeben, sind nicht so schlimm wie all das Schlechte, das aus dem Menschen selbst hervorgeht: „Diejenigen, die uns weit mehr Übel verursachen, pflegen aus unseren Fehlern zu folgen; und darum täte man Unrecht, wenn man sich auf Grund der natürlichen Übel das Leben nähme, sieht man doch, dass diejenigen, welche es taten, für gewöhnlich durch selbst gewollte Übel dazu getrieben worden sind." Wer Leibniz' Philosophie konsequent durchdenkt und ernst nimmt, müsste auch hier dem Denker erwidern, dass all diese Zustände mit in Gottes Plan vor der Gründung der Welt verzeichnet gewesen sein mussten – denn auch von diesen Möglichkeiten, die Wirklichkeit wurden, hat er gewusst. Somit ließe sich fragen, ob das, was Leibniz hier als das Handeln der Menschen kritisiert, nicht wiederum einem verborgenen Guten den Weg bahnt, von dem der Mensch, auch der Philosoph Leibniz, nicht das Geringste weiß und wissen kann?

Gerechtigkeit und Liebe

Eine praktische Philosophie hat Leibniz nicht ausgearbeitet, aber in seinem weit verzweigten Werk finden sich Hinweise, die den Schluss auf eine solche erlauben. Er versucht, wie in der theoretischen Philosophie, die Vernunftbegabung des Menschen herauszustellen und die „undeutlichen Empfindungen" ebenso wie die „sinnlichen Lustbarkeiten" zu begrenzen. Diese dienen zwar dazu, die körperlichen Funktionen zu erhalten, aber für das Handeln hilfreich und wichtig, ja entscheidend für die Verbesserung des Menschen ist eine „Erkenntnis der Vollkommenheiten Gottes". Wer Leibniz' Ausarbeitungen über die Möglichkeiten der Erziehung zur Kenntnis nimmt, fragt sich zugleich, wie diese mit seinen Aussagen zur Willensfreiheit zusammenstimmen, und erhält keine befriedigende Antwort. Den „Endzweck des Menschen" bestimmt er dahingehend, „schöne Wahrheiten" zu erfassen und selbst als „Spiegel der Schönheit Gottes" würdig, ehrenvoll und so vollkommen wie möglich zu leben. Leibniz schreibt emphatisch: „Er lebt deswegen, hat auch Leib und Sinne, damit er die Erkenntnis Gottes und die daraus entstehende Liebe haben und mehren solle, da die Liebe nichts anderes ist als eine Lust an der Vollkommenheit oder Glückseligkeit, zumal dessen, der sie so überschwänglich besitzt, und weil alle Lust einen Trieb in sich hat, so folgt aus solcher Liebe durch eine herrliche, stete Zirkulation ein Trieb zu neuer Erkenntnis und folglich zu neuer Liebe."

Mit „Trieb" meint Leibniz hier eine geistige Bewegung, also eher einen intellektuellen Impuls, nicht eine körperliche Gegebenheit. Diese Orientierung ermöglicht es, tugendhaft zu handeln, in Gemeinschaft mit anderen Menschen, die ähnlich situiert und von dieser Liebe erfüllt sind. Daraus resultiert die „Gerechtigkeit", die als „allgemeine Gutwilligkeit der Weisheit" bestimmt wird, die sodann positiv auf die Sitten und das Gemeinwesen wirkt. Die Beschäftigung mit der Wissenschaft dient der Vervollkommnung des eigenen Selbst, somit auch zu einer Beförderung der ethischen Qualitäten. Kurz gesagt erweitert Bildung nicht nur den individuellen geistigen Horizont der Menschen, sie führt auch zu einer konsequenten und anhaltenden Verbesserung der Gesellschaft.

Die Liebe zu Gott und die Liebe zum Nächsten sind untrennbar. Ein Mensch, der dieser Erkenntnis fähig ist, wird sich auf den Weg zur Weisheit begeben, die zeitlichen Güter gering schätzen im Vergleich zu den wahren Reichtümern. In einer menschlichen Gesellschaft, die sich um dieses Gute bemüht, wachsen Freundschaft und Tugend. Leibniz führt weiterhin aus: „Wer nun vollends die ganze praktische Philosophie recht beschreiben wollte, der würde solche Lehren geben, wie es gelingen kann, dass die Menschen zur Tugend, zum verstandesmäßigen Handeln und zur Liebe bestens erzogen und darin ferner geübt und unterwiesen werden." Der Philosoph bezieht dieses Bildungsprogramm, das er selbst nicht ausarbeitet, sondern hier nur grob schematisiert skizziert, auf jeden Stand, bedenkt auch die unterschiedlichen individuellen Fähigkeiten und verweist darauf, dass die Menschen entsprechend in den Wissenschaften und Künsten ausgebildet und gepflegt werden müssten, mit dem Ziel, dass Gerechtigkeit und Liebe vermehrt würden, ohne die auch kein wahrhaft würdiger Gottesdienst am Sonntag gefeiert werden könne: „Denn man kann weder rechte geistliche Betrachtungen haben noch Gott gebührend loben oder lieben, wenn keine Erkenntnis der göttlichen Vollkommenheit, sondern auf Papageienart ein bloßes Nachsprechen ohne Nachdenken vorhanden ist." Letzthin verweist Leibniz auf die ihm offenkundige Identität von Gerechtigkeit und Liebe: „Weil also die Gerechtigkeit fordert, das Wohl eines anderen um seiner selbst willen zu erstreben, und weil das Wohl eines anderen um seiner selbst willen zu erstreben bedeutet, andere zu lieben, so folgt aus der Natur der Gerechtigkeit, dass sie Liebe ist."

Auf dem Weg der Wissenschaften gelangt der Mensch erst zur Erkenntnis des Guten und diese theoretische Einsicht befördert in angemessener Weise das Handeln des Individuums in Staat und Gesellschaft. Wem die Erkenntnis Gottes am vollkommensten gelingt, der wird auch am besten seiner persönlichen Bestimmung im Plan der Schöpfung entsprechen können, in Gemeinschaft mit seinen Mitmenschen, mit denen sich ein jeder, so gut er es eben zu tun vermag, verständigen soll, um sich geistig weiterhin zu entfalten, zum Wohle seiner selbst wie auch aller anderen.

IV. Der englische Empirismus

Die Metaphysik und Erkenntnistheorie des neuzeitlichen Rationalismus begegnet den wissenschaftlichen Entdeckungen und dem Fortschritt im Bereich der Naturerkenntnis mit unzulänglichen Methoden. René Descartes' Bewusstseinsphilosophie, die sich auf die Wahrheit der Erkenntnis konzentriert, und Gottfried Wilhelm Leibniz' philosophische Erkundungen verfallen einer umfassenden Kritik. Weder die mögliche Beweisbarkeit der Existenz Gottes auf dem Weg der Ontologie noch die subtilen metaphysischen Untersuchungen über die Prinzipien von Natur und Gnade scheinen den gegebenen Problemen der Philosophie adäquat zu sein. Mit dem englischen Empirismus wird eine nüchterne erkenntnistheoretische Zugangsweise zu den Phänomenen der Welt etabliert. Ansätze zu einer neuen Moralphilosophie jenseits kirchlicher Machtansprüche und rationalistischer Selbstgewissheit werden formuliert. Zugleich setzt eine aufmerksame Würdigung der Lebenswelt des Menschen ein.

Mit Francis Bacon beginnt der englische Empirismus im 16. Jahrhundert zu einer Zeit, als auch die kontinentaleuropäische, rationalistische Philosophie sich entfaltet. Mit David Hume klingt diese Epoche aus, ungeachtet mancher Epigonen im 19. Jahrhundert. Die Konzeption eines in sich stimmigen philosophischen Systems gelingt keinem Vertreter dieser geistesgeschichtlichen Strömung. Der Ertrag des englischen Empirismus ist etwa in Fragen der Moral ausgesprochen karg. Trefflich illustrieren die angelsächsischen Philosophen die Borniertheit der neuzeitlichen Metaphysik bei der Frage nach dem guten Leben und liefern wiederum selbst Bestätigungen für eine konventionelle Moral, indem sie die gängigen Auffassungen über Sittlichkeit früherer Zeiten wie auch die Eindrücke ihres eigenen Erlebnishorizontes beschreiben und somit eine vornehmlich phänomenologische Arbeit leisten. Die Fülle des erfahrungswissenschaftlich gesammelten Materials wird vorgestellt.

Beeindruckend bleibt, insbesondere auf dem Gebiet der Erkenntnistheorie, die Leidenschaft und der Mut, neue Wege zu gehen, und so bietet der englische Empirismus tatsächlich den Naturwissenschaften das Rüstzeug für die Entdeckung von Einsichten und Erkenntnissen, die sich mit der Methodik der rationalistischen Metaphysik der Neuzeit nicht gewinnen lassen. Man könnte dies pointiert so formulieren: Jahrhunderte lang haben sich die Philosophen mit der Metaphysik befasst und waren auf Dinge konzentriert, die es vielleicht geben könnte, ohne dass sie in irgendeiner Weise Einfluss nähmen auf unser Dasein – nun gilt es die Welt des Gegenständlichen, die Physik, zu erkunden.

Francis Bacon

Francis Bacon wurde am 22. Januar 1561 in London geboren. Der Ausspruch „Wissen ist Macht!" wird ihm zugeschrieben. Bacon studierte in Cambridge, arbeitete in Frankreich und schließlich auch in London. An einer Universität lehrte er zu keiner Zeit. Er war Jurist und wirkte von 1584 an als Anwalt, wurde später zum Lordsiegelbewahrer und 1618 zum Lordkanzler ernannt. Wegen Bestechlichkeit wurde er 1621 verurteilt. Bacon, zum Bacon von Verulam geadelt, verlor alle Ämter.

Er veröffentlichte 1597 den Essay „Über die Würde und den Fortgang der Wissenschaften" und 1612 die politische Abhandlung „Über die hohe Stellung". Francis Bacon fühlte sich zur Politik berufen. Er beschreibt seinen Werdegang: „Meine Geburt,

Erziehung und Bildung deuteten nicht auf Philosophie, sondern auf Politik hin; ich war von Kindheit an sozusagen mit Politik getränkt ... Ich glaubte auch, dass meine Pflicht gegen das Vaterland besondere Ansprüche an mich stelle ... Schließlich erwachte die Hoffnung, dass ich für meine Arbeiten sichere Hilfe und Unterstützung erhalten könnte, wenn ich ein ehrenwertes Amt im Staate bekleidete. Auf Grund dieser Motive wandte ich mich der Politik zu." Seine politische Laufbahn endete jäh, wie vermerkt, als er der Bestechlichkeit überführt war. Die letzten Jahre seines Lebens verbrachte er in Abgeschiedenheit. Bacon klagte auch darüber, dass der Dienst in der Politik die persönlichen Freiheiten auf vielfältige Weise begrenze, da der Politiker dem Monarchen, dem Ruhm und den Amtsgeschäften zu dienen habe. Schließlich gelang es Bacon durch sein philosophisches Werk, nicht durch seine politische Tätigkeit, „in der Natur eine Leuchte zu entfachen, die am Anfang ihres Aufstiegs etwas Licht auf die gegenwärtigen Grenzen und Schranken der menschlichen Entdeckungen werfen und später jeden Winkel und jedes Versteck der Finsternis deutlich aufzeigen würde", so dass er es wirklich verdient, „ein wahrer Erweiterer der menschlichen Herrschaft über die Welt genannt zu werden".

1620 erschien seine zweibändige Hauptschrift, „Die große Erneuerung der menschlichen Herrschaft über die Natur": „Über die Würde und den Fortgang des Wissenschaften" und das „Novum organum scientiarum". Besonders die letztgenannte Schrift ist eine programmatische Erneuerung, wie eine zeitgemäße wissenschaftliche Erkenntnis jenseits der spekulativen Metaphysik aussehen müsste. Die klassische deduktive Methode wollte Bacon durch die induktive Schlussweise des Empirismus ablösen. 1626 starb der Philosoph in London. Postum wurde noch das utopische Fragment „Nova Atlantis" im Jahr 1627 veröffentlicht.

Francis Bacon fasst den Menschen als „Diener der Natur" auf. Er fordert in der Erkenntnistheorie die verstärkte Beachtung von

Beobachtung und Experiment statt metaphysischer Spekulation. Der Geist agiert geradezu kopflos, wenn er bloß Disput und argumentative Mittel zulässt, sich aber den vielfältigen Möglichkeiten der Sinneserfahrung verschließt. Bacon forderte dementsprechend die Verbindung von verstandesmäßiger Reflexion und experimenteller Methodik. Wer die Natur verstehen will, muss sie beobachten, und nur wer die Natur versteht, vermag sie auch zu beherrschen. Zumeist wird sich der Mensch der Natur anpassen müssen, da er sie nicht bezwingen kann. Francis Bacon vertraute auf einen Fortschrittsoptimismus. Indessen wird das „Übermaß an Scharfsinn", wie er ironisch einwendet, niemandem dienlich sein, da diese Grübeleien buchstäblich ins Nichts gehen. Die Aussicht auf neue Erkenntnisse bietet auch in der Beherrschung der Natur neue Möglichkeiten. Die „Kräfte des menschlichen Geistes" werden überschätzt. Bacon schreibt: „Die Feinheit der Natur übersteigt die Feinheit der Sinne und des Verstandes um ein Vielfaches; all die schönen Betrachtungen, Spekulationen und Begründungen der Menschen sind ungesund, nur ist keiner da, der das merkt." Die Ablösung der herkömmlichen rationalistischen Metaphysik und der nach wie vor bestehenden Systeme der scholastischen Philosophie hält Bacon für dringend geboten, da die gegenwärtigen Wissenschaften – unter dem Aspekt der Brauchbarkeit betrachtet – zu nichts taugen. Die Logik, die an den Universitäten gelehrt wird, dient nur dazu, bestehende Irrtümer zu befestigen, statt die Wahrheit zu erforschen. Kurzum: Diese schadet weitaus mehr, als dass sie nutzt. Die Begriffe der Metaphysik, die Kategorien, nennt Bacon „allesamt fantastisch und schlecht bestimmt".

Er differenziert zwei Wege der Erkenntnis. Die deduktive Methode wird von der empfohlenen induktiven Methode abgegrenzt. Bacon schreibt: „Zwei Wege zur Erforschung und Entdeckung der Wahrheit gibt es und kann es nur geben. Der eine führt im Fluge von den Sinnen und dem Einzelnen zu den allgemeinsten Grundsätzen, und gemäß diesen Prinzipien und ihrer unerschütterlichen Wahrheit urteilt er und gewinnt die mittleren Grundsätze; das ist der übliche Weg. Der andere leitet aus den Sinnen und dem Einzelnen die Grundsätze ab, indem er stetig und stufenweise aufsteigt, um zuletzt zum Allgemeinsten zu gelangen; das ist der wahre Weg, aber er ist unbetreten." Die erfahrungswissenschaftliche Zugangsweise, die Berücksichtigung empirischer Erkenntnisse, soll die bisherige Art des Forschens ablösen. Die Würdigung des Besonderen, die Aufmerksamkeit des Forschers für die Einzeldinge möchte Bacon stärken. Nur verzetteln sich die Philosophen in „Disputationen", die dialektisch eine „glanzvolle Sache", aber kompliziert und umständlich gestaltet sind, ergebnislos enden und als sinnfrei bezeichnet werden können. Wer die Welt der sinnlichen Erfahrung nur flüchtig zur Kenntnis nimmt, gerät leicht auf Abwege, die sich dann in Abstraktionen und „nutzlosen Verallgemeinerungen" zeigen.

Bacon unterscheidet sodann zwischen den „Idolen des menschlichen Geistes" und den „Ideen des göttlichen Geistes". Die ersteren sind nicht mehr als „leere Meinungen", die anderen beschreibt er als die „wahren Zeichen" und Eindrücke, die an den geschaffenen Dingen vorgefunden werden. Wer lediglich aus Prinzipien deduziert oder nur mittels weniger Eindrücke vom Besonderen bereits das Allgemeine formuliert zu haben meint, scheitert bei der Entdeckung von Neuem. Die „Feinheit der Natur" ist stets größer als der Scharfsinn und die Feinheit menschlicher Beweisgründe. Bacon sagt, die Methode der „Antizipation der Natur" müsse durch sorgsame Beobachtung und „Interpretation der Natur" abgelöst werden. Die Antizipationen finden unter Gelehrten eher Zustimmung, da sie vertraut klingen, den Verstand betören und die Fantasie beflügeln. Die Interpretation ist ein mühseliges Geschäft. Außerdem treten die empirischen Erkenntnisse in Widerspruch zur herrschenden Metaphysik: „In

Wissenschaften, die sich auf Meinungen und Aussprüche stützen, sind Antizipationen und Dialektik von großem Nutzen, denn hier geht es darum, Zustimmung zu erzwingen, nicht die Wirklichkeit zu meistern." Bei der Auseinandersetzung mit der Wirklichkeit scheitern die Wissenschaftler alten Stils. Außerstande, sich dem Neuen zu öffnen, erzielen sie nur „erbärmliche Fortschritte".

Obgleich sich Bacon deutlich von der Methodik der rationalistischen Metaphysik abwendet, will er nicht „Richter", sondern „Wegbereiter" sein, sucht bei „aufnahmebereiten Köpfen" Anklang zu finden und möchte jene belehren, die den Mut haben, ihre tradierten Begriffe abzulegen, um sich „mit den Dingen selbst vertraut zu machen". Bacon formuliert eine rückhaltlose Kritik der herrschenden „Idole". Er schreibt: „Die Idole und falschen Begriffe, die schon immer vom menschlichen Verstand Besitz ergriffen haben und tief darin verwurzelt sind, halten den menschlichen Geist nicht nur in der Weise besetzt, dass die Wahrheit nur mit Mühe Zutritt findet, sondern selbst wenn der Zugang freigegeben ist, werden sie bei der Erneuerung der Wissenschaften wieder auftauchen und lästig werden, solange man nicht vor ihnen gewarnt wird und sich nach Möglichkeit vor ihnen schützt." Die „Idole des Stammes" sind die Irrtümer der menschlichen Natur, die durch die subjektgebundene – man könnte auch sagen: subjektverzerrte – Erkenntnisweise entstehen. Die individuelle Verfassung des menschlichen Geistes zeigt sich in Vorurteilen und ganz persönlichen Irrtümern, die Bacon auch bezeichnet als „Idole der Höhle", in welcher das „Licht der Natur" gebrochen und verdorben wird. Die „Idole des Marktes" entstehen im geselligen Miteinander der Menschen. Dazu zählt Bacon auch Definitionen und Aussprüche von Gelehrten, die die Menschen zu „sinnlosen Streitereien und Erdichtungen" führen. Weiterhin nennt er die „Idole des Theaters", zu denen die philosophischen Systeme gehören, „denn so viele Philosophien überkommen oder neu erfunden sind, so viele Fabeln sind damit vor-gebracht und aufgeführt worden, die unwirkliche und erdich-tete Welten darstellen".

Der Verstand müsse von all diesen Idolen gereinigt und be-freit werden, von „verkehrten Beweisführungen" und vielfälti-gen Trugbildern, die durch den Gebrauch der Dialektik immer wieder neu entstehen. Bevor der Weg zu dieser Erneuerung der Wissenschaften bestimmt wird, beschreibt Francis Bacon knapp und entschieden die Irrtümer der herrschenden Methodik: „Ers-tens sind die Eindrücke der Sinne selbst fehlerhaft, denn die Sin-ne versagen und täuschen; für das Versagen muss Ersatz ge-schaffen, Täuschungen müssen berichtigt werden. Zweitens sind die Begriffe schlecht von den Sinneseindrücken abstrahiert und daher unbestimmt und verworren; sie müssen bestimmt und gut abgegrenzt sein. Drittens ist die Induktion schlecht, die mittels einfacher Aufzählung die Prinzipien der Wissenschaften ablei-tet, ohne die gebührenden Ausschließungen und Trennungen vorzunehmen, d.h. ohne die untersuchte Eigenschaft zu isolie-ren. Schließlich ist das Forschungs- und Beweisverfahren, nach-dem man zunächst die allgemeinsten Prinzipien aufstellt und dann die mittleren Grundsätze nach ihnen einrichtet und be-weist, eine Quelle von Irrtümern und das Unglück aller Wissen-schaften." Auf welche Weise lässt sich Wissenschaft nun betrei-ben? Wie können wir zu wirklich gesicherten Erkenntnissen ge-langen?

Francis Bacon empfiehlt nachdrücklich, auf die experimen-telle Methode zu vertrauen, aber nicht im Sinne eines planlosen Umherschweifens oder einer spielerischen Attitüde, die bald zur Lustlosigkeit führt oder in den Starrsinn des Alchemisten mün-det. Voraussetzung für eine erfolgreiche Forschung ist vielmehr ein diszipliniertes Vorgehen. Bacon fordert, man solle die „rich-tigen Grundsätze" suchen und auf „Licht bringende", nicht auf „Frucht bringende" Experimente aus sein. Am Anfang gilt es, das Ziel der Forschung zu benennen und festzulegen. Die Wissenschaft überhaupt soll das Leben der Menschen bereichern und erleichtern. Indessen achten die meisten Menschen nur auf kurzfristige Vorteile. Bacon kritisiert jene Wissenschaftler, die in ungezügeltem Idealismus die Wissenschaft um ihrer selbst willen zu lieben scheinen. Diese Zeitgenossen, so der Philosoph, richten ihren Blick auf die „Vielfalt der spekulativen Lehren", nicht auf die „kompromisslose Suche nach der Wahrheit". Es gelte nach Neuem zu streben, nicht den „wilden Wirbel dialektischer Argumente" zu mehren, nicht den „Unklarheiten des Zufalls" anheimzufallen und auch nicht den Lehrmeinungen blind und beliebig zu folgen, die einer „schlecht begründeten Erfahrung" entstammen.

Die meisten Menschen bewegen sich auf dem Pfad der Gewohnheit. Sie forschen plan- und kunstlos, schlagen nach und erforschen Quellen, ergänzen ihre eigene, zumeist bedeutungsvoll dargebotene Auffassung. Damit erweitern sie die gegebenen Ansichten um eine neue Meinung, aber kümmern sie sich auch aufrichtig um die Wahrheitsfrage? Bacon schreibt: „Ein solches Verfahren entbehrt jeder Grundlage und dreht sich nur in Meinungen herum." Andere wählen als scheinbar taugliches Hilfsmittel die Dialektik, die in keiner Weise zu den Grundsätzen führen kann. Der Dialektiker argumentiert hochmütig und selbstgewiss und erkennt von den Gegenständen nur das, was er zuvor in sie hineingelegt hat. Ebenso ziellos operiert der Mensch, der auf die zufällige Erfahrung vertraut, aber durch „bloßes Herumtappen" umherirrt, allerhöchstens zufällig den richtigen Weg findet.

Bacon plädiert nun für ein geordnetes Verfahren bei der Erkenntnis der Welt, um durch die „Wälder der Erfahrungen" zu den „Lichtungen der Grundsätze" zu gelangen. Er schreibt: „Die wahre Ordnung der Erfahrung verfährt umgekehrt: Sie zündet erst ein Licht an und zeigt dann bei diesem Licht den Weg, indem sie von geordneter und wohlüberlegter Erfahrung, nicht etwa von voreiliger und planloser, ausgeht und aus dieser die Grundsätze ableitet, und aus gefestigten Grundsätzen wiederum neue Experimente. Auch das göttliche Wort hat ja nicht ohne Ordnung auf die Weltmaterie eingewirkt." Wer so vorgeht, vermeidet die Übel des Irrtums, die immer verderblich und tadelnswert sind, ob sie nun durch schlecht organisierte Erfahrung, reine Ignoranz oder metaphysische Überheblichkeit verursacht werden. Außerdem empfiehlt es sich, in Distanz zu den bewunderten Forschern der Antike zu treten. Die Naturphilosophie muss neu begründet werden. Es genügt nicht, Aristoteles zu repetieren, als hätte er die letzte Wahrheit in den Fragestellungen über die Seele, die Gestirne und die Welt bereits gefunden. Bacon vertraut auf die menschliche Erkenntnis und sagt, dass die Menschen seiner Zeit, wenn sie nur gründlich genug nachdächten, wissen müssten, dass sie eine „bessere Kenntnis der menschlichen Angelegenheiten" und ein „reiferes Urteil" besitzen könnten, zumal die Entdeckung ferner Länder den Horizont der Erfahrung doch sehr weitet. Viele aber verharren in verstockter Borniertheit und beschränken sich auf die „Grenzen der geistigen Welt". Francis Bacon schreibt nachdrücklich, die Wahrheit sei eine „Tochter der Zeit" – und nicht der Autorität.

Der Philosoph empfiehlt eine Art geläuterten Empirismus, abseits des Verfahrens, das manche bislang pflegten, die wie Ameisen vorgingen, das Material sammelten und zu nutzen suchten, aber auch anders als die Rationalisten, die an Spinnen erinnerten, welche ihr Netz aus sich selbst heraus herstellten. Bacon nennt die Vorgehensweise der Biene empfehlenswert für die Philosophie, einem Lebewesen, das den Stoff sammelt und durch eigene Kraft verarbeitet: „Das wahre Werk der Philosophie hat Ähnlichkeit damit: Es stützt sich weder ausschließlich noch überwiegend auf die Kräfte des Geistes und nimmt auch nicht den Stoff, den die Naturgeschichte und die mechanischen Experimente bieten, unverändert ins Gedächtnis auf, sondern verwandelt und verarbeitet ihn zuvor mit dem Verstande." Diese neue Philosophie nennt Bacon eine „unvermischte Naturphilosophie", von der Gutes zu erwarten sei. Man solle endlich die tradierten Theorien ablegen, den Verstand reinigen und von dem „Gemenge aus viel Glauben, viel Zufall und manchen kindischen Begriffen" befreien. Die Gelehrten in ihrer „Trägheit" und „Leichtgläubigkeit" sollen sich der Welt der Erfahrung zuwenden.

Die „Erforschung der Wahrheit" vollzieht sich weiterhin über „Licht bringende Experimente", die keinen vordergründigen Nutzen aufweisen: „Jene haben eine wunderbare Kraft und Eigentümlichkeit an sich, nämlich dass sie niemals trügen oder enttäuschen. Da sie nicht zu dem Zweck angestellt werden, irgendein Werk herzustellen, sondern um die natürliche Ursache von etwas ans Licht zu bringen, erfüllen sie ihren Zweck, gleichviel wie sie ausfallen, denn sie entscheiden die Frage." Die zielgerichtete Forschung ist zu fördern, das erfahrungsgeleitete „Herumtappen" wirkt „verdummend". Erfahrung, die nach einer „festen Regel" fortschreitet, lässt Besseres für die Wissenschaft erhoffen. Erst sollen die Grundsätze erforscht werden, anschließend gelte es, zu den Werken überzugehen. Der menschliche Verstand darf sich hierbei nicht an der eingeübten „syllogistischen Art der Beweisführung" orientieren: „Von den Wissenschaften kann man erst dann Gutes erhoffen, wenn man auf einer richtigen Leiter von Stufe zu Stufe ohne Unterbrechung oder Sprünge von den Einzeldingen zu den niederen Grundsätzen aufsteigt, von da zu den mittleren Grundsätzen, die sich einer über dem anderen erheben, schließlich zu den allgemeinsten. Denn die untersten Grundsätze liegen nicht weit ab von der bloßen Erfahrung, die Grundsätze aber, die man jetzt für die höchsten und allgemeinsten hält, sind begrifflich und abstrakt und haben keine Festigkeit. In der Mitte aber liegen die wahren, festen und lebendigen Grundsätze, auf denen die menschlichen Angelegenheiten und das menschliche Glück beruhen; und über diesen erheben sich schließlich auch die wirklich allgemeinsten Grundsätze, nämlich solche, die nicht abstrakt sind, sondern von den mittleren Grundsätzen richtig eingeschränkt werden." Darum sollen dem Verstand nicht „Flügel" verliehen werden, sondern eher „Bleigewichte", die metaphysische Überheblichkeiten konsequent vermeiden und unmöglich machen. Für die Wissenschaften empfiehlt sich eine neue Art der induktiven Methode der Erkenntnis, d. h., es soll zielgerichtet geforscht werden, und man muss entsprechend „die zu untersuchende Eigenschaft mittels der gebührenden Zurückweisungen und Ausschließungen isolieren und dann nach genügend vielen negativen Feststellungen zu einer positiven Folgerung kommen". Auf dieser Methode der Induktion, die auch für die Begriffsbestimmung herangezogen werden soll, ruht die „größte Hoffnung". Es gilt, die induktive Methode auf alle Bereiche der Erfahrung auszuweiten. Die Beherrschung der Welt gelingt mittels der Erkenntnis: „Tantum possumus quantum scimus." Das heißt: „Wir vermögen so viel, als wir wissen."

Thomas Hobbes

„Meine Mutter hat zwei Kinder geboren", pflegte Thomas Hobbes zu bemerken, „mich und die Angst". Er wurde am 5. April 1588 geboren, zu der Zeit, als die spanische Armada England bedrohte. Der Philosoph stammte aus einfachen Verhältnissen. Er war der Sohn eines Landpfarrers und genoss die übliche Schulbildung. Thomas Hobbes erwies sich als begabt, so dass er auf eine Privatschule wechselte, um dort die Sprachen des Altertums zu studieren. Von 1603 an studierte Hobbes in Oxford. 1607 legte er dort den „Baccalaureus artium" ab. Anschließend arbeitete er als Privatlehrer und zeitweiliger Sekretär von Francis Bacon, bereiste zwischen 1610 und 1613 Europa. Die Naturwissenschaften interessierten ihn in gleicher Weise wie die Staatsphiloso-phie. Er übersetzte Thukydides' Werk über den peloponnesi-schen Krieg und beschäftigte sich eingehend mit dem Begriff der Macht. Während des englischen Bürgerkriegs ging Hobbes ins Exil nach Frankreich. Seine philosophischen Arbeiten erschie-nen, die dreigliedrigen „Elemente der Philosophie", „De cive" im Jahr 1642, „De corpore" 1655 und „De homine" 1658. Von 1660 an trieb Hobbes hauptsächlich naturwissenschaftliche Stu-dien und beschäftigte sich mit Mathematik.

Er kritisierte den Wissenschaftsbegriff, mahnte Folgerichtig-keit an und forderte gründliche Selbstkritik. Die Sprachphilo-sophie war zu seiner Zeit noch keine eigenständige philosophi-sche Disziplin, dennoch widmete Hobbes ihr große Aufmerksam-keit: „Wenn man seine Gedanken in Worte fasst, beginnt man mit einer Definition der Bezeichnungen. Durch die Verbindung verschiedener Bezeichnungen gelangt man zu Behauptungen, und wenn man diese wieder miteinander verknüpft, zu Schluss-folgerungen. Das Ergebnis einer solchen Gedankenfolge sind letzte Schlüsse. Die Kenntnis, die wir daraufhin gewinnen, ist jenes abhängige Wissen – oder das Wissen, wie sich eine Be-zeichnung auf die andere gründet –, welches man als Wissen-schaft bezeichnet. Beginnt eine solche Gedankenfolge aber nicht mit einer Definition und werden die Definitionen nicht in der richtigen Ordnung miteinander verbunden, so kann der letzte Schluss nur wieder eine bloße Meinung sein, nämlich die Mei-nung, dass es sich (scheinbar) um die Wahrheit handle, obwohl die Rede absurd und sinnlos und ganz unverständlich ist." Er dachte über die Möglichkeit einer Quadratur des Kreises nach, die er bis zu seinem Tod für nicht ausgeschlossen hielt. Hobbes starb am 4. Dezember 1679 in Hardwick auf dem Landsitz des Barons von Cavendish.

Als Hauptwerk gilt der 1651 publizierte „Leviathan". Hobbes versuchte darin, mathematische Erkenntnisweise und philosophische Betrachtung zu verbinden. Er verfolgte ein mechanistisches Denken im Blick auf die Konzeption des Staates: „Denn aus den Elementen, aus denen eine Sache sich bildet, wird sie auch am besten erkannt. Schon bei einer Uhr, die sich selbst bewegt, und bei jeder etwas verwickelten Maschine kann man die Wirksamkeit der einzelnen Teile und Räder nicht verstehen, wenn sie nicht auseinander genommen werden und die Materie, die Gestalt und Bewegung jedes Teiles für sich betrachtet wird. Ebenso muss bei der Ermittlung des Rechtes des Staates und der Pflichten der Bürger der Staat zwar nicht aufgelöst, aber doch gleichsam als aufgelöst betrachtet werden, d. h., es muss richtig erkannt werden, wie die menschliche Natur geartet ist, wieweit sie zur Bildung eines Staates geeignet ist oder nicht, und wie die Menschen sich zusammentun müssen, wenn sie eine Einheit werden wollen. Nach dieser Methode bin ich verfahren."

Die außermoralische Betrachtungsweise setzt ein Ziel, dem der Staat dienen soll: Es soll Frieden herrschen innerhalb des Gemeinwesens, denn ohne Gesetze verhält sich der Mensch dem Menschen gegenüber wie ein Wolf. Hobbes will den so bezeichneten Zustand – „homo homini lupus" – überwinden. Wissenschaftlich versucht der Philosoph mit einem Gesamtsystem ein adäquates Verständnis zu erreichen, eine universell gültige Methode zur Strukturierung des Seins.

1649 wurde König Karl I. hingerichtet, und die Diktatur Oliver Cromwells begann. In der Staatsphilosophie präferierte Hobbes eine verlässliche und stabile Ordnung, um den Frieden zu sichern und geistige Konflikte wie Bürgerkriege endgültig aufzuheben. Der objektive Wahrheitsbegriff hatte seine Bindungskraft verloren, und Hobbes bestritt die allgemeine Gültigkeit dessen, was einzelne Subjekte für Wahrheit hielten. Das Individuum wollte überleben, dies galt es sicherzustellen. In der politischen Praxis mochte es unterschiedliche Definitionen geben, was Wahrheit sei. Es galt, den Konflikt dieser Wahrheitsbegriffe zu vermeiden. Hobbes' pessimistisch getönte Anthropologie sah den Menschen als ein auf Selbsterhalt und Triebbefriedigung bedachtes Lebewesen. Menschen verletzen einander, weil sie dasselbe begehren. Es herrschen Misstrauen und Feindseligkeit, ein Zustand, der nur durch die Herrschaft der Gesetze beendet werden kann: „Indem wir also sehen, dass ohne menschliches Gesetz alle Dinge Gemeingut wären und dass diese Gemeinsamkeit ein Anlass für Übergriffe, Neid, Totschlag und dauernden Krieg untereinander sein würde, befiehlt dasselbe Recht der Vernunft der Menschheit, zu ihrer eigenen Erhaltung Land und Güter so zu verteilen, dass jeder Mensch wissen kann, was sein eigen ist, und dass kein anderer ein Recht beanspruchen oder ihn an der Benutzung derselben hindern kann. Diese Festlegung bedeutet erst Gerechtigkeit, und dies ist genaugenommen gemeint, wenn wir sagen, dass jeder ‚das Seine' haben soll. Daraus wird deutlich, dass es zur Erhaltung der Menschheit von großer Notwendigkeit ist, Gesetzesrecht zu haben."

Die Menschen schließen einen Vertrag nicht auf der Grundlage eines Wahrheitsbegriffs, sondern aus der existenziellen Notwendigkeit heraus, sich arrangieren zu müssen, weil sie alle nach Macht streben und von Ehrgeiz besessen sind. Die anthropologischen Studien bilden die Basis für die staatsphilosophischen Reflexionen. Zwei Menschen haben dasselbe Ziel, das nur einem von ihnen zukommen kann. Folglich werden sie zu Feinden, die einander bekriegen. Dieser Zustand herrscht beständig. Misstrauisch begegnen die Menschen einander. Wettstreben, Argwohn und Ruhmsucht sind nach Hobbes die Hauptursachen der Konflikte, die in der menschlichen Natur begründet liegen. Die Todesfurcht zwingt die Menschen zu einem geordneten Zusammenleben im Staat, der durch seine Macht das Streben einzelner und die Konkurrenz untereinander institutionell regelt und überwindet: „Die größte menschliche Macht ist diejenige, welche aus der Macht sehr vieler Menschen zusammengesetzt ist, die durch Übereinstimmung zu einer einzigen natürlichen oder bürgerlichen Person vereinigt sind, der die ganze Macht dieser Menschen, die ihrem Willen unterworfen ist, zur Verfügung steht, wie z. B. die Macht eines Staates." Die Autonomie des Individuums bleibt in dieser Staatskonzeption unberührt. Der Staat ist zweckrational. Er erfüllt seine Funktion, aber den Bürgern wird nicht vorgeschrieben, auf welche Weise sie leben sollen. Hobbes' Staatsmodell erlaubt und fördert die Entfaltung einer Privatsphäre.

Der Philosoph versucht, eine geometrische Konstruktionsmethode auf das Gemeinwesen zu übertragen. Man setzt ein Postulat – der Frieden wird als Ziel des Staates bestimmt –, und versucht, vom Ausgangspunkt zum Resultat durch eine konstruktive Bewegung zu gelangen. Die Bewegung erzeugt sowohl die Wirklichkeit als auch den Begriff. Hobbes sagt, dass die Menschen von Natur aus ihren Verstand anwenden, aber sie gehen nicht alle von den richtigen Grundlagen aus. So wie man in der Mathematik und Geometrie auf Fehler hingewiesen wird, sollte es auch in anderen Bereichen sein. Die Vernunft wird erst erworben. Hobbes beschreibt die wissenschaftliche Verfahrensweise, die er als gültig anerkennt: „Es ist nun ganz deutlich geworden, dass die Vernunft weder wie die Empfindung und das Gedächtnis von Geburt her in uns liegt noch wie die Klugheit durch bloße Erfahrung gewonnen werden kann. Sie muss vielmehr durch Fleiß errungen werden. Und man muss zuerst den Dingen die richtigen Bezeichnungen verleihen und dann zu einer guten und klaren Methode gelangen. Die Bezeichnungen als die Grundlagen der Beweisführung müssen miteinander verbunden werden zu Feststellungen, und von dort aus muss man weiterschreiten zu den Schlüssen, die man aus den Verbindungen der Feststellungen erhält, bis hin zu der Kenntnis aller der sich aus den Bezeichnungen ergebenden Schlussfolgerungen. Dies ist das Verfahren der Wissenschaft. Die Empfindung und die Erinnerung beschäftigen sich nur mit Tatsachen, mit Dingen also, die vergangen und unwiederbringlich sind. Die Wissenschaft aber ist die Kenntnis von den Folgen und von der gegenseitigen Abhängigkeit der einzelnen Tatsachen." Viele Menschen leben in „Unkenntnis der Wissenschaft", ohne dass ihnen dies bewusst ist. Sie ziehen falsche Schlüsse und vertrauen „widersinnigen Regeln". Wissenschaft bedeutet Zusammenhänge und ihre Abhängigkeit zu kennen.

Hobbes sieht eine Parallelität zwischen Mathematik und Philosophie, was bedeutet, dass beide ein passgenaues Wissen liefern müssen: „Wenn wir einen Kreis vor uns haben, folgern wir, dass jede durch seinen Mittelpunkt verlaufende Gerade ihn in zwei gleich große Teile zerlegen wird. Es ist das Wissen, welches man von einem Philosophen verlangt … Das Licht des Geistes scheint mir das klare Wort zu sein. Es muss mit Hilfe der Definition gereinigt sein von aller Zweideutigkeit und darf ihr auch nicht mehr zugänglich sein. Die Vernunft ist der Schrittmacher, die Wissenschaft der Weg, und das Ziel ist das Wohl der Menschheit."

Thomas Hobbes sieht als Beweggrund zu einem Gemeinwesen einzig die Existenzängste des Menschen an. Der imaginierte Kriegszustand aller gegen alle schließt nicht aus, dass die Machthaber sich bedroht fühlen müssen von Täuschung, Aufständen und dem drohenden Verlust der Macht. Sie befestigen ihre Paläste gegen ihre Feinde, und manchmal droht der Feind im Innern: „Wenn ein jeder gegen jeden Krieg führt, so kann auch nichts als unerlaubt gelten. Für die Begriffe Recht und Unrecht, Gerechtigkeit und Ungerechtigkeit bleibt kein Raum. Wo es keine Herrschaft gibt, gibt es auch kein Gesetz. Wo es kein Gesetz gibt, kann es auch kein Unrecht geben. List und Gewalt sind die einzigen Tugenden …" Hobbes führt aus, dass es sinnlos und auch falsch sei, die Triebe und Leidenschaften und mit ihnen die Natur des Menschen als sündhaft anzusehen. Gleichwohl plädiert er für Gesetze, die die Menschen voreinander schützen, und kein anderes Ziel als dieser Frieden kommt dem Gemeinwesen zu, damit die Gefahr der Selbstvernichtung und der Naturzustand überwunden werden. Der Krieg hingegen wird begleitet von einem antizivilisatorischen Effekt und ist umfassend zerstörerisch: „Deshalb trifft alles, was Kriegszeiten mit sich bringen, in denen jeder eines jeden Feind ist, auch für die Zeit zu, während der die Menschen keine andere Sicherheit als diejenige haben, die ihnen ihre eigene Stärke und Erfindungskraft bietet. In einer solchen Lage ist für Fleiß kein Raum, da man sich seiner Früchte nicht sicher sein kann; und folglich gibt es keinen Ackerbau, keine Schifffahrt, keine Waren, die auf dem Seeweg eingeführt werden können, keine bequemen Gebäude, keine Geräte, keine Dinge, deren Fortbewegung viel Kraft erfordert, hin- und herzubewegen, keine Kenntnis von der Erdoberfläche, keine Zeitrechnung, keine Künste, keine Literatur, keine gesellschaftlichen Beziehungen, und es herrscht, was das Schlimmste von allem ist, beständige Furcht und Gefahr eines gewaltsamen Todes – das menschliche Leben ist einsam, armselig, ekelhaft, tierisch und kurz."

Ein Vertragsschluss beendet das Risiko der Selbstvernichtung. Die Menschen streben nach Frieden aus egoistischen Motiven, ganz einfach, weil sie überleben wollen. Der Frieden muss gestiftet, begründet werden durch einen Akt des Willens. Um den Frieden zu garantieren und das Überleben zu sichern, schließen sich die Menschen zusammen und verzichten auf die unbegrenzte Selbstentfaltung. Sie begnügen sich mit einem gewissen Maß an Freiheit und erkennen den anderen an, der auch überleben will. Verzicht ist die Voraussetzung für ein gedeihliches Miteinander. Es ist der Verzicht auf das Naturrecht des absolut sich entfalten wollenden Ichs. Die „übergeordnete Macht", das ist der Staat selbst, zwingt die Vertragspartner, ihre Verpflichtungen einzuhalten. Hobbes fordert Nachsicht, Rücksichtnahme und Vergebung statt Rache und Duldsamkeit.

Die Naturgesetze sind unabänderlich. So wie der Krieg niemals zur Bewahrung des Lebens dient, wird der Frieden niemals das Leben zerstören. Die Moralphilosophie nennt er die Lehre von „Gut und Böse im menschlichen Zusammenleben". Die Begierden der Individuen entscheiden über Gut und Böse im Naturzustand: „Gut und Böse sind die durch Temperament, Brauch und Lehre im Einzelfall unterschiedlichen menschlichen Neigungen und Abneigungen ... Der Friede wird von allen Menschen als ein Gut angesehen. Folglich muss jeder Weg, der zum Frieden führt, und müssen alle Mittel, die dazu dienen, als etwas Gutes betrachtet werden." Hobbes empfiehlt Gerechtigkeit, Dankbarkeit, Bescheidenheit und Billigkeit, worunter er Rechtssicherheit versteht. Die Laster bezeichnet er als das Böse. Um dem elenden Zustand des Krieges zu entrinnen, schließt der Mensch sich – dies ist die letzte Ursache und der Zweck des Staates – mit anderen zu einem Gemeinwesen zusammen, da der Mensch ausschließlich triebbestimmt agiert, sofern er nicht durch eine „sichtbare Gewalt" beständig „in Zucht" gehalten wird: „Denn jene Naturgesetze – Gerechtigkeit, Gleichheit, Bescheidenheit, Barmherzigkeit, kurz alles, was in dem Satz zusammengefasst werden könnte: Handle deinem Mitmenschen gegenüber so, wie du wünschest, dass auch an dir gehandelt werde – laufen unseren natürlichen Trieben zuwider." Weil der Mensch sich selbst nicht im Zaum halten kann, muss er sich, um letzthin auch sein eigenes Leben zu schützen, dem Souverän unterordnen.

Der Staat ist für Hobbes eine „Person". Die Menschen schließen sich zu einer Person zusammen, so bilden sie ein politisches Gemeinwesen. Der Staat wird definiert als „Person, deren Handlungen eine große Menge durch Vertrag eines jeden mit jedem als die ihrige anerkennt, auf dass sie diese einheitliche Gestalt nach ihrem Gutdünken zum Frieden und zur Verteidigung aller gebraucht". Wer die „Person" trägt, also der Monarch oder das Parlament als „Vertreter aller", wird Souverän genannt. Nur so gelingt es, ein friedliches Miteinander zu garantieren: „Die einzige Möglichkeit, eine Gewalt zu schaffen, die in der Lage ist, die Menschen … friedlich für ihren Unterhalt sorgen zu lassen, liegt darin, dass alle Macht einem einzigen übertragen wird oder aber einer Versammlung, in welcher durch Abstimmung der Wille aller zu einem gemeinsamen Willen vereinigt wird. So wird praktisch ein einziger oder eine Versammlung zum Vertreter aller ernannt, und jeder einzelne gewinnt auf diese Weise das Gefühl, dass er selber Teil hat an jeder nur erdenklichen Handlung oder Vorherrschaft desjenigen, der an seiner Stelle steht." Das Individuum wird mitverantwortlich für die Handlungen der Exekutive. Es hat dieser seinen Willen und seine Entscheidungsfreiheit übertragen: „Jeder Einzelne sagt gleichsam: Ich gebe mein Recht, über mich selbst zu bestimmen, auf und übertrage es diesem anderen Menschen oder dieser Versammlung, und zwar unter der alleinigen Bedingung, dass auch du ihm deine Rechte überantwortest und ihn ebenfalls zu seinen Handlungen ermächtigst."

Der Staat ist der „Leviathan", in Anlehnung an die Hiob-Geschichte des Alten Testaments so genannt, ein „sterblicher Gott", der Schutz und Frieden zusichert, da alle vor seiner Macht, vor seinem Schrecken sich ängstigen und zu einem friedvollen Miteinander gezwungen sind. Bedroht ist der Staat von „Krankheiten", das sind die Bürgerkriege. Hobbes, der so sehr auf eine mathematisch-mechanistische Weltdeutung wert legte, benennt seinen politischen Entwurf mit einem magisch-mystischen Wesen, einer monströsen Bestie, einem Ungeheuer, dem man Respekt erweisen und dem man zugehörig sein soll. In einer Anekdote wird erzählt, dass der König von England, mit Gefolge in einer Kutsche unterwegs, den Philosophen Thomas Hobbes, vor seinem Haus stehend, vor sich hin sinnierend, erblickte. Der König ließ die Kutsche anhalten, stieg aus, ging auf den Philosophen zu, zog höflich seinen Hut und fragte nach dem Befinden. Die

Beobachter stellten verwundert fest, dass der König seinem Untertan so begegnete, als sei dieser der Ranghöhere. Wenn man bedenkt, dass die politische Theorie und die Festigung der Stellung des Souveräns diesem Denker viel verdankt, so hat es durchaus seine Berechtigung, was in dieser Geschichte überliefert ist: Der Souverän begegnet respektvoll dem Philosophen, der das Modell der Souveränität erdacht hat. Gleichwohl ist Thomas Hobbes nicht der Apologet des totalen Staates, auch wenn er das Widerstandsrecht gegen einen Herrscher nicht explizit vorsieht, der sich als unfähig erweist. Sollten Leib und Leben der Bürger gefährdet sein, dies gilt freilich nicht für Soldaten, und der Staat seine Bestimmung entsprechend verfehlen, endet die Verpflichtung der Untertanen, dem Staat treu ergeben zu sein.

Thomas Hobbes blieb bis zum Ende seiner Tage philosophisch tätig. Auf seinen Schreibtisch hatte er Papier geklebt und zeichnete seine Gedanken auf. Einfälle, die er auf seinen ausgedehnten Spaziergängen hatte, die er täglich auch im hohen Alter unternahm, notierte er unterwegs mit ein paar flüchtigen, skizzenhaften Bemerkungen, damit er nichts vergaß, bis er wieder nach Hause gekommen war. Er spielte noch Tennis, als er 75 Jahre alt war, verbrachte viel Zeit mit der Lektüre kluger Bücher, vermisste aber die geistvolle und gelehrte Konversation. Sein Biograf John Aubrey schreibt: „Ich habe ihn sagen hören, dass im Hause seines Lords auf dem Lande eine gute Bibliothek sei und Bücher genug für ihn, und dass seine Lordschaft die Bibliothek mit allen Büchern versehe, die zu kaufen er für angebracht hielt; aber er sagte, das Fehlen gelehrter Konversation sei eine große Unannehmlichkeit, und obwohl er der Überzeugung war, dass er seine Gedanken so gut ordnen könne wie irgendjemand sonst, fand er einen großen Mangel darin. Ich glaube, auf dem Land wird das Denken aus Mangel an guter Konversation schimmelig."

Zwar litt Thomas Hobbes an Schüttellähmung, blieb aber dennoch guten Mutes und zuversichtlich, bewegte sich ausdauernd, solange er konnte. Nachts sang er kräftig, weil er glaubte, dass diese Art körperlicher Betätigung die Lunge stärken und sein Leben verlängern könnte. Thomas Hobbes starb hochbetagt mit einundneunzig Jahren. Als sein Vermächtnis kann gelten, was er im Vorwort seines Werkes „De cive" schreibt: „Wenn Sie die von mir aufgestellte Lehre erfasst und begriffen haben werden, so hoffe ich, dass Sie lieber einige Unbequemlichkeiten im Privatleben, da die menschlichen Dinge nicht frei von aller Unbequemlichkeit sein können, mit Geduld ertragen werden, als dass Sie den Staat in Verwirrung bringen; dass Sie die Gerechtigkeit Ihrer Unternehmungen nicht nach den Gesetzen des Staates bemessen werden und dass Sie nicht mehr von ehrgeizigen Menschen sich werden missbrauchen lassen, um mit Ihrem Blute diesen zur Macht zu verhelfen. Ich hoffe, dass Sie es vielmehr vorziehen werden, den gegenwärtigen Zustand, auch wenn er nicht der beste ist, selbst zu genießen, als Krieg zu beginnen, damit, nachdem Sie selbst getötet worden oder das Alter Sie verzehrt hat, andere in einem späteren Jahrhundert eine verbesserte Verfassung besitzen."

John Locke

Am 29. August 1632 wurde John Locke in Wrington im Distrikt Somerset geboren. Seine Studienjahre verbrachte er in London und Oxford. Dort wurde er mit dem Nominalismus vertraut. Ebenso beschäftigte sich Locke mit dem Cartesianismus, dessen Stringenz er bewunderte. Die Resultate dieser Denkrichtung hielt er für unhaltbar. John Locke hatte die klassische Ausbildung genossen, beherrschte die alten Sprachen und studierte Logik und Metaphysik. Gefallen fand er an Chemie und Medizin. 1662 wurde er zum Dozenten für Philosophie und Rhetorik ernannt. Wenig später trat er in den diplomatischen Dienst ein. Der Philosoph lebte von 1675 bis 1679 in Frankreich. Als Berater und Hausarzt von Anthony Ashley Cooper, der später zum Lordkanzler Earl of Shaftesbury bestellt wurde, fungierte er viele Jahre und bildete, von seinem Freund beeinflusst, eine liberale Haltung in Fragen der Politik aus. John Locke wandelte sich zum Republikaner. Er folgte Shaftesbury 1683 ins holländische Exil und kehrte nach der „Glorious Revolution" im Jahr 1689 nach London zurück. Politische Ämter lehnte Locke ab, auch aus gesundheitlichen Gründen. Er litt zeitlebens an Asthma und zog die Abfassung philosophischer Schriften vor.

John Locke war vielseitig interessiert und beschäftigte sich mit dem Weinbau ebenso wie mit der Erkenntnistheorie. Mit der Theologie war er in gleicher Weise vertraut wie mit der Rechts- und Staatsphilosophie. Locke konzipierte die Theorie der Gewaltenteilung im Staat und verfocht das Widerstandsrecht gegen tyrannische Machthaber. Die Auslegung der Bibel interessierte ihn, er verfasste Reiseberichte und ökonomische Schriften. In Fragen der Religion plädierte er nachdrücklich für Toleranz. Locke wusste sich über Mathematik und Medizin mitzuteilen. Er praktizierte als Arzt und Geschäftsmann, wirkte in der Politik und auch als Erzieher. Die steife, trockene Gelehrsamkeit an den Universitäten schreckte ihn ab. Kein anderer verkörperte den Geist des englischen Empirismus so wie er. Locke misstraute dem Rationalismus grundsätzlich. Gleichwohl formulierte er entschiedene Forderungen für die praktische Philosophie. Die spekulative Metaphysik hielt er für intellektuellen Hokuspokus. Ungelöste Probleme gestand er offen ein. Der rigorose Empirismus, dem er sich verpflichtet wusste, begrenzt die Erkenntnismöglichkeiten radikal. Erzählt wird, dass er während einer Überlandfahrt mit einem Freund eine Schafherde erblickte. Sein Begleiter bemerkte: „Die Schafe sind frisch geschoren." Der Philosoph entgegnete: „Es scheint so, wenigstens auf der Seite, die wir sehen können." Locke bestritt, dass innerhalb der Naturwissenschaften überhaupt Gesetzmäßigkeiten erfasst werden können, während er gleichzeitig eine verlässliche Beweisbarkeit der Existenz Gottes demonstrieren zu können glaubte. Auch im Feld der Moral hielt er unumschränkt gültige Lehrsätze für möglich.

Lockes Hauptwerk „Ein Versuch über den menschlichen Verstand" erschien 1690, im selben Jahr veröffentlichte er die Schrift „Zwei Abhandlungen über die Regierung". 1695 erschien „Die Vernünftigkeit des Christentums". Locke arbeitete an mehreren Büchern gleichzeitig, formulierte sachlich und präzise, war milde temperiert, ausgesprochen religiös und sehr fleißig. Es heißt, dass John Locke unermüdlich arbeitete, getreu dem Ausspruch: „Solange man lebt, soll man leben!" Leben hieß für ihn philosophisch arbeiten. Vor seinem Tod sagte er sterbensmüde: „Was mich angeht, ich habe lange genug gelebt und danke Gott für ein schönes Leben, aber das Leben ist nichts anderes als ein Nichts." Locke starb am 28. Oktober 1704 in Oates.

Die Erkenntnistheorie basiert auf der Vorstellung des „white paper". Der menschliche Geist ist zu allem Anfang ein buchstäblich unbeschriebenes Blatt. Ein jeder verfügt über Ideen in seinem Bewusstsein, die er mit bestimmten Begriffen verbindet. Dazu gehören Wörter wie Weiße und Härte, Süßigkeit, Denken, Bewegung usf. Wenn wir den Begriff, der eine bestimmte Spezies der Lebensformen bezeichnet, herausgreifen, so können wir mutmaßen, dass der Mensch schon vor aller Erfahrung in einer geistigen Schau die Welt der Ideen erblickt hat. Den Begriff der „idea" müssen wir zunächst erläutern. Locke bestreitet rigoros die Existenz von so genannten „angeborenen Ideen". Er denkt auch nicht an einen platonischen Ideenhimmel oder an Abstraktionen von der Wirklichkeit. Locke orientiert sich an den Gegenständen des menschlichen Geistes resp. Bewusstseins: „Alles, was der Geist in sich selbst wahrnimmt oder was unmittelbares Objekt der Wahrnehmung, des Denkens oder des Verstandes ist, das nenne ich Idee." Dazu gehört auch alles, womit der Geist sich beschäftigen kann, das „Phantasma", der „Begriff" und jede mögliche Vorstellung.

Kenntnis von den Ideen sammelt er einzig auf dem Weg der inneren oder äußeren Erfahrung. Erst wenn der Mensch eine bestimmte Anschauung gewonnen hat, durch Erzählung etwas vernommen oder durch eigene Sinneswahrnehmung erblickt hat, weiß er beispielsweise, welche Art Lebewesen der Begriff „Elefant" bezeichnet. Nur wer weiß, wie ein Elefant aussieht, kann eine adäquate, nämlich eine komplexe Idee von diesem gewinnen. Allein durch die Erfahrung erwirbt der Mensch Wissen, einzig durch die Erfahrung werden Ideen gebildet. Locke nennt die Sinneswahrnehmung („sensation") die erste, die Verstandestätigkeit („reflection") die zweite Quelle der Erfahrung: „Lasst uns also annehmen, das Bewusstsein sei, sozusagen, ein weißes Blatt Papier, frei von irgendwelchen Schriftzügen, ohne alle Ideen; wer wird es damit versehen? Woher empfängt es jene gewaltige Menge, womit die geschäftige und schrankenlose Fantasie des Menschen es in fast endloser Mannigfaltigkeit beschrieben hat? Woher hat es all den Stoff für das Denken und Erkennen erhalten? Darauf antworte ich mit einem Worte: aus der Erfahrung; in dieser ist unser ganzes Wissen begründet, und aus dieser leitet es schließlich sich selbst ab. Unsere Beobachtung, die entweder auf äußere, sinnlich wahrnehmbare Gegenstände gerichtet ist oder auf die innere Tätigkeit des Geistes, die von uns selbst wahrgenommen und zum Gegenstande der Betrachtung gemacht wird, versieht unser Verstand mit allem Material für das Denken. Diese beiden sind die Quellen der Erkenntnis, woraus alle Ideen entspringen, die wir haben oder natürlicherweise haben können."

Die Sinne treten in Berührung mit den Gegenständen. Auf dem Weg der Sinneswahrnehmung nehmen wir Kenntnis von ihnen. Das Bewusstsein von der Beschaffenheit der Gegenstände erlangen wir über Geschmack und Geruch. Wir sehen, hören und

fühlen, wie es sich mit dem verhält, was uns in der Welt begegnet. Die Erfahrung, durch Sinneseindrücke vermittelt, ist die
vorzügliche Quelle unserer Erkenntnis. Der menschliche Geist
ordnet und sortiert, die Wahrnehmungen werden strukturiert
und zu diesen bilden wir Ideen: „Diese Quelle von Ideen liegt
für jedermann ganz in seinem eigenen Innern, und obgleich sie
nicht sinnlich ist, insofern sie mit äußeren Gegenständen nichts
zu tun hat, ist sie doch etwas sehr Ähnliches und könnte ganz
passend der innere Sinn genannt werden. Während ich die andere Sinneswahrnehmung nenne, bezeichne ich jedoch diese als
Selbstbeobachtung, weil die von ihr gelieferten Ideen nur aus
solchen bestehen, die der Geist dadurch gewinnt, dass er seine
eigenen Tätigkeiten in seinem Innern betrachtet." Die Gegenstände sind die „Objekte der Selbstwahrnehmung", die Tätigkeiten des Geistes die „Objekte der Selbstbeobachtung". Der
Geist empfängt von den Gegenständen in der Welt die „Ideen
der Sinnesqualitäten", die aus den Wahrnehmungen bestehen,
zu welchen wir von ihnen veranlasst werden, während der Verstand wiederum vom Geist mit den „Ideen seiner eigenen Tätigkeiten" versehen wird. Nichts gelangt nach John Locke in unser
Bewusstsein außerhalb dieser beiden von ihm skizzierten Wege.
Selbst jene Ideen, die augenscheinlich nicht in unser Bewusstsein gelangt sind, werden aus der Sinneswahrnehmung gewonnen oder aus der verarbeitenden Tätigkeit des Geistes geschöpft,
da die einzelnen Ideen mit Hilfe des Verstandes zu einer „unendlichen Mannigfaltigkeit" zusammengesetzt und erweitert werden.

Demgemäß unterscheidet Locke zwischen einfachen und zusammengesetzten Ideen. Letztere lassen sich ganz einfach vorstellen. Wir nehmen einen Gegenstand wahr. Als Beispiel dient
uns eine Kerze. Diese besitzt vielleicht die Farbe gelb. Nun ertasten wir das Wachs, spüren zugleich Weichheit und Wärme.
Der Geist kann unterschiedliche Eindrücke ausmachen, aber er
vereinigt diese Ideen, die als einfache vollkommen voneinander

unterschieden sind, im Subjekt zu einem Gesamteindruck, zu der zusammengesetzten Idee der Kerze, die er gerade empirisch untersucht. Die einfachen Ideen bezeichnet er als „Rohstoff alles unseres Wissens". Der Verstand kann zusammengesetzte Ideen bilden, jedoch weder einfache Ideen aus dem vorhandenen Material schöpfen noch zerstören: „Wenn der Verstand einmal mit einem Vorrat solcher einfachen Ideen versehen ist, dann hat er die Kraft, sie zu wiederholen, zu vergleichen und in fast endloser Mannigfaltigkeit zu verbinden, und kann so nach Belieben neue zusammengesetzte Ideen bilden."

Die „Herrschaft des Menschen" über die „kleine Welt seines eigenen Verstandes" ist so begrenzt wie seine Macht über die „Welt der sichtbaren Dinge", die er geschickt zu handhaben vermag, wenngleich er unfähig ist, auch nur die „kleinsten Partikel neuen Stoffs" zu bilden. Er verfügt über das Vermögen der Selbstbeobachtung, vermag zusammengesetzte Ideen zu bilden und bleibt zugleich angewiesen auf die Sinneswahrnehmung. Hier markiert John Locke die Grenzen der Tätigkeit des Geistes. Er schreibt: „Ich fordere jedermann zu dem Versuche auf, sich einen Geschmack vorzustellen, den sein Gaumen nie verspürt hat, oder sich von einem Geruch, den er nie in der Nase empfunden hat, eine Idee zu bilden; und wenn er das kann, dann werde ich schließen, dass auch ein Blinder Ideen von Farben und ein Tauber wahre deutliche Vorstellungen von Tönen habe." Die vier Sinne – Geschmack, Geruch, Sehen und Tasten – werden durch einen fünften Sinn komplettiert. Als diesen fasst John Locke das geordnete Denken auf, die Verbindung von Vorstellungen und Begriffen.

Wie bestimmt der Philosoph den Begriff „Idee"? Die Ideen sind für ihn Gegenstände der Wahrnehmung, bei der Innenschau ebenso wie in der Außenwelt. Sie werden hervorgebracht durch Kräfte, die auf uns wirken. Also werden die Ideen zu Ideen im eigentlichen Sinne erst in unserem Verstand. Locke sagt, er spreche zuweilen, als seien die Ideen Bestandteil der Dinge, doch er wünsche so verstanden zu werden, dass er stets die Eigenschaft der Gegenstände meine, die erst durch den Eindruck, den sie auf uns machen, als Idee bezeichnet werden.

Die Unterscheidung von einfachen und komplexen Ideen führt der Philosoph nun weiter aus: „Während der Geist mit einer großen Anzahl einfacher Ideen teils – insoweit sie an äußeren Dingen zu finden sind – durch die Sinne, teils durch Reflexion auf seine Tätigkeit versehen wird, bemerkt er auch, dass eine gewisse Anzahl dieser einfachen Ideen beständig zusammen auftreten ..." Die Bündelung der einfachen Ideen verleitet den Betrachter dazu, den Gegenstand als einfache Idee anzusehen, da die Verknüpfung mehrerer Ideen zu einer komplexen Idee nicht unmittelbar ersichtlich ist. Begründet liegt dies darin, dass der menschliche Geist die einfachen Ideen nicht separieren kann, weil diese nicht für sich bestehen können. Vorstellen können wir uns den Gegenstand nur so, wie er gegeben ist. Man muss, so Locke, ein Substrat voraussetzen, den Grund, aus dem die einfachen Ideen hervorgehen, und dieses Substrat bezeichnet er mit einem klassischen philosophischen Begriff als „Substanz". Die einfachen Ideen werden folglich „Akzidenzien" genannt. „Substanz" lässt sich nicht als Allgemeinbegriff fassen. Locke bemerkt dazu: „Wenn jemand gefragt würde, welchem Gegenstand Farbe oder Schwere anhafteten, so könnte er darauf nur antworten: den festen, ausgedehnten Teilen; und wenn er gefragt würde, wem Festigkeit und Ausdehnung anhafteten, so würde er sich kaum in einer besseren Lage befinden als der früher erwähnte Inder, der, als er gesagt hatte, dass die Welt von einem großen Elefanten getragen werde, und darauf gefragt wurde, worauf der Elefant stehe, die Antwort gab: auf einer Schildkröte; auf weiteres Andringen aber um Auskunft darüber, was der breitrückigen Schildkröte zur Stütze diene, erwiderte: irgendetwas, er wisse nicht was."

Wir gebrauchen Wörter ohne eine klare und deutliche Idee. Über all das, worüber die Menschen reden, befinden sie sich, erkenntnistheoretisch betrachtet und bildlich gesprochen, in vollständiger Dunkelheit. Der Substanzbegriff lässt sich als der nicht näher definierbare Träger der Eigenschaften, welche wir wahrnehmen, verstehen. Von der Substanz der Materie hat John Locke ebenso wenig eine klare Vorstellung wie von der Substanz des Geistes: „Worin deshalb auch die geheime und abstrakte Natur der Substanz im Allgemeinen immer bestehen mag, so sind doch alle unsere Ideen bestimmter besonderer Arten von Substanzen nichts als verschiedene Kombinationen einfacher Ideen, die in solcher wenngleich unbekannten Ursache der Verbindung miteinander koexistieren, dass das Ganze für sich bestehen kann." Über die vollkommenste Idee von Substanzen verfügt, so Locke, wer die meisten Akzidenzien gesammelt und zueinander gefügt hat.

Wie verhält es sich mit Gott? Auch das „höchste unbegreifliche Wesen" ist den komplexen Ideen vergleichbar. Wir schließen von einfachen Ideen aus dem menschlichen Erfahrungsbereich, zu denen die Ideen Dasein und Dauer, Wissen und Kraft sowie Freude und Glück gehören, auf Eigenschaften, deren Besitz dem Mangel vorzuziehen ist, und fassen diese als Eigenschaften Gottes auf. Dies geschieht auf dem Weg der Erweiterung von Ideen, die mit der „Idee der Unendlichkeit" so weit gefasst werden, dass wir die „komplexe Idee von Gott" erhalten.

In seinem umfangreichen Hauptwerk „Ein Versuch über den menschlichen Verstand" vermag John Locke nicht alle Fragen der Erkenntnistheorie zu beantworten. Dies ist auch gar nicht sein Anspruch. Auf dem weiten Feld der Erkenntnis fragt er ernsthaft und gründlich nach deren Möglichkeiten und weist durch eine ernsthafte Anwendung der Erfahrungswissenschaft die Ansprüche der tradierten Metaphysik zurück. Er begrenzt das sichere Wissen auf jenen Bereich der Erkenntnis, der mit intuiti-

ver Gewissheit erschlossen werden kann. Dazu gehört das reflektierende Selbstbewusstsein des Menschen, welches sich
durch den Akt des Denkens und Wahrnehmens als existierend
begreift, ebenso wie die Unterscheidung von Gegensätzen wie
Hell und Dunkel oder Weiß und Schwarz. Neben dem intuiti-
ven Wissen besteht demonstratives Wissen. Locke sagt, dass die
Schlussfolgerungen in der Mathematik und in der Moral hierzu gehören.

Die fundamentalen Gesetzmäßigkeiten und Prinzipien sind
intuitiv einsehbar, gleiches gilt für das Dasein Gottes. Locke setzt
Gott als Grund alles Seienden voraus. Die Welt muss einen Anfang haben, da die Materie nicht aus sich selbst hätte hervorgebracht werden können. Der Schöpfer ist denknotwendig. Wer
reflektiert, ist sich seines Daseins intuitiv gewiss. Weiterhin er-
wähnt Locke das sensitive Wissen. Die Gegenstände können wir
nur begrenzt erkennen. Die Sinneswahrnehmung öffnet das Feld
der Erkenntnis, aber sie erschließt nicht die absolute Gewissheit
über die Dinge, die wir um uns erblicken. Die Ausschnitte und
Aspekte der Wirklichkeit wissen wir zu erkennen. Darüber hinaus besteht die Ebene der Transzendenz. Über diese Sphäre
erlangen wir Kenntnis durch Offenbarungen.

Locke plädiert für ein Christentum, das im Einklang mit dem
menschlichen Denken bestehen kann. Ebenso wie die Offenbarung stammt auch die Vernunft von Gott. Die menschliche
Vernunft erweist sich als Prüfstein: „Die Vernunft muss unser
oberster Richter und Führer in allen Dingen sein." Was mit der
Vernunft nicht harmoniert, kann sich als „widervernünftig" oder
aber als „übervernünftig" erweisen. Das Widervernünftige ist
strikt abzulehnen, das Übervernünftige hingegen übersteigt die
Begrenztheit menschlicher Erkenntnis- und Verständnismöglich-
keiten und soll akzeptiert werden. John Locke versucht, durch
den Gedanken der Toleranz die Religionsstreitigkeiten aufzuheben. Wer dem Staat angehört, darf jeder Religion zugehörig sein,

mit Ausnahme des romtreuen Katholizismus. Gleichfalls verboten ist ein jegliches ungeniertes Bekenntnis zur Gottlosigkeit.

Spuren hinterließ er aber vor allem in der Erkenntnistheorie. Dass sein sensualistischer, radikaler Empirismus unverkennbare Schwächen aufwies, hätte der Philosoph selbst zugestanden, wenn man ihn darauf hingewiesen hätte. John Locke wollte die scholastische Metaphysik und den neuzeitlichen Rationalismus zurückweisen. So beharrte er auf erfahrungswissenschaftlichen Zugängen, aber die Wirklichkeit einer transzendenten Wahrheit integrierte er, indem er göttliche Offenbarungen und auch Wunder für möglich und tatsächlich gegeben hielt, aber gleichzeitig auf die Begrenztheit menschlicher Erkenntnis verwies. Locke formuliert entsprechend, sich selbst zurücknehmend, im Vorwort seines Hauptwerkes: „Ich veröffentliche diesen Versuch nicht zur Belehrung von Männern mit schneller Fassungskraft und weitem Blick; solchen Meistern gegenüber bin ich selbst nur ein Schüler; und ich warne sie deshalb im voraus, dass sie hier nicht mehr erwarten, als was ich aus meinen eigenen groben Gedanken gesponnen habe und was für Leute meiner Art passt."

George Berkeley

Zu den berühmtesten Absolventen des Trinity College in Dublin gehört George Berkeley, der 1685 im irischen Dysert Castle geboren wurde. Er genoss eine umfassende Ausbildung in Philosophie, Logik, Mathematik und Theologie. 1707 wurde er Priester der anglikanischen Kirche. Er publizierte eine Reihe philosophischer Schriften. 1709 erschien „Essay Towards a New Theory of Vision", ein Jahr später das Hauptwerk „Abhandlung über die Prinzipien der menschlichen Erkenntnis", eine grundsätzliche Kritik des Materialismus, zugleich eine nuancierte Rechtfertigung der sensualistischen Erkenntnisweise. Der Philosoph entwickelte eine idealistische Theorie mit erfahrungswissenschaftlichem Ansatz. Berkeley versuchte, philosophisch Fuß zu fassen, doch seine Schriften stießen weithin auf wenig Zuspruch. Er hatte bereits viele Jahre hindurch Kontinentaleuropa, insbesondere Frankreich und Italien, bereist. 1729 begab er sich auf den Weg nach Übersee. Er besuchte die Bermudas, um dort ein Bildungsprogramm zu etablieren, als Missionar zu wirken und eine höhere Schule zu begründen. Mit besten Absichten begab er sich auf die weite Reise, resigniert kehrte er heim. 1734 wurde Berkeley zum Bischof von Cloyne berufen. Er hatte vergleichsweise spät, im Jahr 1728, geheiratet. Es wird erzählt, dass das Familienleben im bischöflichen Haus mitunter strapaziös war, weniger der philosophisch-theologischen Disputationen wegen, sondern vielmehr wegen der Schlafgewohnheiten des Hausherrn. Berkeley stand zwischen drei und vier Uhr nachts auf, um zu musizieren. Er spielte im Morgengrauen oftmals Bass-Violine. Ein italienischer Musiklehrer unterrichtete ihn. George Berkeley machte das Beste aus seinen begrenzten Möglichkeiten, denn er galt als vollkommen unmusikalisch. Im Alter beschäftigten ihn die platonische Philosophie, chemische Reaktionen und die Heilkräfte der Natur. Berkeley vertraute auf die Heilkraft des Teerwassers. So empfahl er, norwegischen Teer im Verhältnis eins zu eins mit Wasser zu vermischen und täglich einen halben Liter davon, am besten noch mehr, zu trinken. Auch dachte er darüber nach, das Wasser durch Blut zu ersetzen, und versprach sich von diesem exotischen Mischgetränk einen therapeutischen Nutzen gegen alle denkbaren Krankheiten.

Berkeley verfasste verschiedene philosophische Werke, bleibt aber vor allem durch seine eigenwillige wie dezidierte Kritik des Materialismus im Gedächtnis. Materialistisch, das bedeutet für ihn, dass die Annahme der Existenz von Materie die Ursache der Übel von radikaler Skepsis und Atheismus seien. Die Ewigkeit der Welt auf materieller Ebene macht Gott entbehrlich. Wenn die Materie durchgängig besteht und immer da war, gibt es keinen Schöpfungsakt und folglich ist auch die Annahme eines Gottes überflüssig. Berkeley versucht darzulegen, dass die Gegenstände als Objekte der sinnlichen Wahrnehmung nur ein Sein im Wahrgenommenwerden besitzen: „Their esse is percipi" oder in latinisierter Form: „esse est percipi", das heißt: „Sein ist Wahrgenommenwerden." Der Versuch einer Widerlegung des Materialismus wird in dem Werk „Die Prinzipien der menschlichen Erkenntnis" entfaltet.

Die Rezeption von Ideen erfolgt über Sinneseindrücke. Er schreibt: „Durch den Gesichtssinn empfange ich die Ideen von Licht und Farben in ihren verschiedenen Abstufungen und Abwandlungen. Durch den Tastsinn nehme ich z. B. Härte und Weichheit, Hitze und Kälte, Bewegung und Widerstand wahr, und von diesem allem mehr oder weniger hinsichtlich der Quantität oder des Grades. Der Geruchssinn verschafft mir Gerüche, der Geschmackssinn Geschmacksempfindungen, der Gehörsinn führt dem Geist Schallempfindungen zu in ihrer ganzen Mannigfaltigkeit nach Ton und Zusammensetzung. Da man nun beobachtet, dass einige von diesen Empfindungen einander begleiten, bezeichnet man sie mit einem Namen und betrachtet sie infolgedessen als ein Ding. Da man z. B. beobachtet, dass eine gewisse Farbe, Geschmacksempfindung, Geruchsempfindung, Gestalt und Festigkeit vereint auftreten, hält man sie für ein bestimmtes Ding, das man mit dem Namen Apfel bezeichnet." Neben Gegenständen menschlicher Erkenntnis führt Berkeley Tätigkeiten des Geistes auf Gemütsregungen zurück, die gleichfalls wahrgenommen werden, und deren Idee ausschließlich in diesem Wahrgenommensein besteht. Berkeley beschreibt, dass der Tisch, an dem ich schreibe, mir gewiss ist dadurch, dass ich ihn sehe und spüre, dass ich ihn ertasten kann. Ich sehe den Tisch in meinem Arbeitszimmer, wenn ich an diesem beispielsweise ein Buch über die Philosophie der Neuzeit verfasse. Aber ich weiß auch, dass der Tisch besteht, weil ich ihn einmal dort wahrgenommen habe, auch wenn ich mich nicht in meinem Arbeitszimmer befinde: „Denn was man von einer absoluten Existenz nicht denkender Dinge ohne irgendeine Beziehung auf ihr Wahrgenommenwerden sagt, erscheint durchaus unverständlich. Ihr Sein ist Wahrgenommenwerden, und es ist unmöglich, dass sie irgendeine Existenz außerhalb des Geistes oder der denkenden Wesen haben, die sie wahrnehmen."

George Berkeley bestreitet die fassliche Existenz einer Welt der Gegenstände losgelöst von menschlicher Sinneswahrnehmung. Er fragt, inwieweit ein reales Dasein möglich sein soll außerhalb des Wahrgenommenwerdens. Die Unterscheidung, dass diesen Gegenständen noch ein anderes Sein zukomme als dasjenige, welches durch die Sinne vermittelt wird, hält der Philosoph für verfehlt. Er schreibt: „Denn was sind die vorhin erwähnten Gegenstände anderes als die Dinge, die wir mit den Sinnen wahrnehmen? Und was nehmen wir anderes wahr als unsere eigenen Ideen oder Sinnesempfindungen? Und ist es nicht ein offenkundiger Widerspruch, dass irgendeine von diesen oder irgendeine Verbindung von ihnen unwahrgenommen existieren sollte?"

Grundlegend für eine solche irreführende Annahme ist nach Berkeleys Auffassung die Annahme von abstrakten Ideen. Wenn man von sinnlich wahrnehmbaren Gegenständen abstrahiert, so verlässt man die Sphäre möglicher Erkenntnis. Jeder Mensch kann sich Gegenstände voneinander unabhängig denken, ohne dass er sie in dieser Gestalt je gesehen haben müsste. Berkeley wählt das Beispiel einer Rose. Farbe, Geruch und Blattwerk lassen sich getrennt vorstellen, ohne dass diese Möglichkeit je in der Wirklichkeit gesehen worden wäre, aber die Fähigkeit zu denken „reicht nicht weiter als die Möglichkeit einer realen Existenz oder Wahrnehmung". Um der nahe liegenden Problematik zu entgehen, wie es sich dann mit der Sphäre der Transzendenz beispielsweise verhalte, die ganz gewiss noch niemand vermittels der Sinne wahrgenommen hat, benennt er „einige Wahrheiten", die so „nahe liegend und einleuchtend" sind, dass man nur die „Augen des Geistes" zu ihrer Erkenntnis öffnen müsse: „Zu diesen rechne ich die wichtigen Wahrheiten, dass der ganze himmlische Chor und die Fülle der irdischen Gegenstände, mit einem Wort: all die Dinge, die das große Weltgebäude ausmachen, keine Subsistenz außerhalb des Geistes haben, dass ihr Sein ihr Wahrgenommen- und Erkanntwerden ist, dass sie folglich, solange sie nicht aktual durch mich erkannt werden oder in einem Geist oder im Geist irgendeines anderen geschaffenen Wesens existieren, entweder überhaupt keine Existenz haben oder im Geist eines ewigen Wesens existieren müssen, da es völlig undenkbar ist und die ganze Ungereimtheit der Abstraktion in sich schließt, irgendeinem ihrer Teile eine geistunabhängige Existenz zuzuschreiben." Sollten außerhalb des menschlichen Geistes „feste, gestaltete, bewegliche Substanzen" existieren, wie könnten wir von ihnen wissen?

Erkenntnis ist, so Berkeley, nur auf dem Weg der sinnlichen Wahrnehmung oder über die Vernunft möglich. Wir wissen einzig von den Empfindungen unserer Sinne, von jenen Gegenständen, die bereits sinnlich wahrgenommen wurden. Das Wahrgenommene verweist aber nicht auf Dinge, die außerhalb des menschlichen Geistes oder unwahrgenommen bestehen und den Objekten gleichen, welche bereits wahrgenommen wurden: „Es bleibt also nur übrig, dass wir, wenn wir überhaupt ein Wissen von äußeren Dingen besitzen, dieses durch die Vernunft erlangen, indem wir ihre Existenz aus dem, was unmittelbar sinnlich wahrgenommen wird, erschließen. Welcher Vernunftschluss aber kann uns bestimmen, auf Grund dessen, was wir wahrnehmen, die Existenz von Körpern außerhalb des Geistes anzunehmen, da doch die Fürsprecher der Materie selbst nicht behaupten, dass eine notwendige Verbindung zwischen ihnen und unseren Ideen besteht?" Dass wir Ideen und Sinneswahrneh-mungen in unserem Geist hervorbringen können, bedeutet noch nicht, dass die Materie und körperliche Substanzen als real be-stehend angenommen werden müssen. Erkenntnis bleibt für Berkeley untrennbar mit der Wahrnehmung verknüpft.

Die Ideen, Sinneswahrnehmungen und wahrgenommenen Gegenstände sind frei von Aktivität, Kraft oder Tätigkeit. Eine Idee kann keine andere Idee verändern. Sie kann auch nichts hervorbringen. Die Ideen existieren allein im menschlichen Geist. Es ist nur das, was wahrgenommen wird, in ihnen. Ob diese Ideen aus der Sinneswahrnehmung oder Reflexion stammen, es besteht keinerlei Aktivität, die festgestellt werden könnte: „Ein wenig Aufmerksamkeit wird uns zeigen, dass das Sein einer Idee die Passivität oder Inaktivität einschließt, so dass eine Idee un-möglich etwas tun oder, um den genauen Ausdruck zu gebrau-chen, die Ursache von etwas sein kann; auch kann sie nicht das Abbild oder der Ausdruck eines aktiven Dinges sein." Die Aus-dehnung, in gleicher Weise auch die Form und die Bewegung haben ihre Ursache nicht in der menschlichen Sinneswahrneh-mung. Berkeley schreibt, dass es eine beständige Abfolge von Ideen gäbe, die wahrgenommen würden. Manche Ideen entste-hen neu, werden verändert und verschwinden wieder.

Entsprechend schließt der Philosoph auf eine Ursache, die für die Bildung dieser Ideen verantwortlich ist: „Diese Ursache muss also eine Substanz sein; es ist aber gezeigt worden, dass es eine körperliche oder materielle Substanz nicht gibt; es bleibt also nur übrig, dass die Ursache der Ideen eine unkörperliche, tätige Substanz oder ein Geist ist." Den Geist begreift Berkeley als „einfaches, unteilbares, tätiges Wesen", das „Verstand" heißt, wenn es Ideen wahrnimmt, und „Wille" genannt wird, wenn es diese hervorbringt. Die Ideen sind passiv. Der Geist wird anhand seiner Wirkungen wahrgenommen. Er ist das tätige Prinzip, das nicht an sich selbst erkannt werden kann: „Ich finde, dass ich

Ideen nach Belieben in meinem Geist hervorrufen und die Szene so oft wechseln und sich verändern lassen kann, wie ich es für passend halte. Ich brauche nur zu wollen, und sofort taucht diese oder jene Idee in meiner Fantasie auf, und durch dieselbe Kraft wird sie ausgelöscht und macht einer anderen Platz. Dieses Produzieren und Vernichten von Ideen berechtigt uns, den Geist recht eigentlich tätig zu nennen. So viel ist gewiss und auf Erfahrung gegründet; wenn wir dagegen von nicht denkenden tätigen Wesen oder von Ideen reden, die durch etwas anderes als den Willen hervorgerufen werden, dann spielen wir nur mit Worten." Die Ideen sind nicht vom Willen abhängig. Berkeley schreibt, dass derjenige Mensch, der bei Tageslicht die Augen öffne, nur dieses eben vermöge zu tun. Nicht aber verfügt er über die Macht, die Gegenstände zu kontrollieren, die sich ihm zeigen. Er bringt nicht hervor, was er wahrnimmt. Die Ideen verweisen auf den „Urheber der Natur".

Sinnliche Ideen, so schreibt Berkeley, sind stark und lebhaft, verglichen mit den Ideen, die die menschliche Einbildungskraft formt. Sie verfügen über eine ihnen innewohnende Ordnung, sie sind kein Produkt des Zufalls: „Nun werden die festen Regeln oder bestimmten Weisen, wonach der Geist, von dem wir abhängig sind, die sinnlichen Ideen in uns hervorruft, die Naturgesetze genannt, und diese lernen wir durch Erfahrung kennen, die uns belehrt, dass bestimmten Ideen im gewöhnlichen Lauf der Dinge bestimmte andere Ideen folgen." Dies ermöglicht eine gewisse Voraussicht, nutzenorientiert zu handeln, zur Meisterung des täglichen Lebens, etwa im Bereich von Getreideanbau und Ernte, im Erlernen bestimmter Verhaltensregeln im Umgang mit der Natur. Ohne diese Beständigkeit der Naturgesetze einsehen zu können, würden sich die Menschen fortwährend in Ungewissheit befinden. Auch erlaubt die Kenntnis dieser Gesetzmäßigkeiten den Schluss auf den Schöpfer der Welt und führt uns zugleich die Begrenztheit unserer Erkenntnis vor Augen:

„Und doch ist diese beständige gleichmäßige Wirksamkeit, die so deutlich die Güte und Weisheit des herrschenden Geistes offenbart, dessen Wille die Naturgesetze begründet, so weit davon entfernt, unsere Gedanken zu ihm hinzuleiten, dass sie sie vielmehr veranlasst, sich auf die Suche nach Zweitursachen zu begeben." Gleichwohl verweist Berkeley so auf die Wirklichkeit Gottes, so sehr diese Sphäre der Transzendenz auch dem Zugriff menschlicher Erkenntnis enthoben sein mag. Nichts ist für Berkeley offenbarer als das Dasein Gottes. Er begreift Gott als den Geist, der die Mannigfaltigkeit der Ideen hervorbringt und „von dem wir absolut und gänzlich abhängig sind".

Das Auffinden dieser Wahrheit ist so nahe liegend und leicht zugänglich für jedermann. Es zeigt sich die Schwäche der menschlichen Vernunft, die einen „betrübenden Beweis der Stumpfheit" und beständiger „Unaufmerksamkeit" liefert, wenn ihr die „klaren Selbstbezeugungen der Gottheit" verborgen bleiben. Auch die Unzulänglichkeiten in der Ordnung der Natur tragen zu ihrem Reichtum und ihrer betörenden Schönheit bei. Zahllose „Spuren der göttlichen Weisheit und Güte" zeigt die Vielfalt der Schöpfung. Jede „erleuchtete Seele" wird seine Gesetze achten, respektieren und befolgen. Gott ist „gegenwärtig" und mit den „innersten Gedanken" vertraut: „Ein klarer Blick auf diese großen Wahrheiten muss notwendig unsere Herzen mit ehrfurchtsvoller Andacht und heiliger Furcht erfüllen, welche der kräftigste Antrieb zur Tugend und der beste Schutz gegen das Laster sind."

Wichtiger als die wissenschaftliche Betätigung ist für Berkeley die Ausrichtung auf Gott. Alle seine Studien und Schriften würde er für fruchtlos halten, wenn sie nicht dazu beitrügen, die Leser mit einem „frömmeren Gefühl der Gegenwart Gottes zu erfüllen" und ihnen so auch die „Falschheit" und „Leerheit" der Spekulationen, welche die Gelehrten anstrengen, sichtbar vor Augen zu führen. Schließlich zeigt es sich auch, dass die Menschen, die sich der Philosophie verschrieben haben, eben nicht jene „Heiterkeit des Gemütes" durch die „Sicherheit der Erkenntnis" erlangt haben. Die „Zweifelsucht" und die „Irrgänge" tadelt Berkeley und verweist darauf, dass die „ungelehrte Menge der Menschen" auf der „Landstraße des schlichten Menschenverstandes" scheinbar zufrieden lebt, ohne von der Last des Lernens geknechtet und bedrückt zu sein. Sie genießen das Glück der Gewöhnlichkeit, reflexionslos, zufrieden und ohne allen Kummer.

Der Philosoph George Berkeley hat mit seinem Werk eine Neuorientierung der Erkenntnis über die Prinzipien sinnlicher Erfahrung empfohlen und gewarnt: „Sobald wir uns aber der Leitung der Sinne und der natürlichen Triebe entziehen, um dem Lichte eines höheren Prinzips zu folgen, um über die Natur der Dinge mittels unserer Vernunft Schlüsse zu ziehen, über sie nachzudenken und zu reflektieren, erheben sich sofort tausend Zweifel in unserem Geist in Betreff eben der Dinge, welche wir vorher völlig zu begreifen schienen." Die Philosophie soll seiner Auffassung nach zu neuer Klarheit, nicht zu beständiger Verwirrung führen. Indessen formulierte der philosophierende Bischof von Croyne seine Traktate deutlich, offenbar von tiefer Gewissheit seiner geistvollen Erkundungen erfüllt. Er schreibt im Blick auf das Schrifttum seiner jungen Jahre am 25. November 1729 an Samuel Johnson: „Was Sie von mir gesehen haben, wurde veröffentlicht, als ich sehr jung war, und ohne Zweifel hat es manche Mängel. Denn obwohl die Begriffe wahr sein dürften (wofür ich sie wirklich halte), ist es doch schwierig, sie klar und folgerichtig auszudrücken, weil die Sprache für den gewöhnlichen Gebrauch und für überkommene Vorurteile gebildet worden ist. Ich beanspruche daher auch nicht, dass meine Bücher die Wahrheit lehren können. Alles, was ich erhoffe, ist, dass sie für wissbegierige Menschen eine Gelegenheit zur Entdeckung der Wahrheit sein möchten und zwar so, dass diese Menschen dabei ihren eigenen Geist zu Rate ziehen und in ihre eigenen Gedanken hineinsehen." George Berkeley starb am 14. Januar 1753 in Oxford.

David Hume

Geboren wurde David Hume am 7. Mai 1711 in Edinburgh. Er wuchs in einem streng pietistisch geprägten Elternhaus auf. Schon in früher Jugend interessierte er sich für die römische Antike. Er studierte Cicero, Horaz, Tacitus und Vergil. Ebenso beschäftigte er sich mit der Philosophie, von Francis Bacon bis John Locke. David Hume hatte ein sanftmütiges Wesen, einen ausgleichenden Charakter, aber die literarischen und philosophischen Vorlieben schienen der Familie ein Indiz für eine besondere Art der Versponnenheit zu sein. Seine Mutter soll über ihn bemerkt haben: „Unser Davie hat einen feinen, gutmütigen Charakter, aber er ist ungewöhnlich schwachsinnig."

Hume war ein impulsiver, leidenschaftlicher junger Mann, fasziniert von der Lust an der Erkenntnis. Die hohen moralischen Forderungen des Christentums und der Stoa begeisterten ihn. Doch fördern diese Ansprüche das moralische Empfinden? Wird der Mensch nicht viel eher von diesen überfordert? David Hume neigte zur Melancholie. Skeptisch beschrieb er sich in seinem philosophischen Erstlingswerk „Ein Traktat über die menschliche Natur", das im Jahr 1739 erschien, als einen Menschen, der von existenziellen Zweifeln beherrscht ist und, metaphorisch gesprochen, mit einem leckgeschlagenen Schiff in See sticht, um die Welt zu umsegeln. Hume erklärt, dass eine erfahrungsunabhängige Außenwelt besteht und das Vertrauen in die menschlichen Sinne gerechtfertigt ist, selbst wenn sich nicht beweisen lässt, dass es die Welt, in der wir leben, überhaupt gibt. Dieses vorauszusetzen wird ihm zu einer philosophisch nicht begründbaren, aber existenziell notwendigen Gewissheit. Von der Struktur und Beschaffenheit des menschlichen Bewusstseins ausgehend versucht er, zu moralphilosophischen Erkenntnissen zu gelangen. Er hoffte auf Zustimmung und erwartete eine teilnahmsvolle Öffentlichkeit, doch seine Schrift stieß weithin auf Desinteresse. Ein Rezensent verriss den „Traktat". David Hume stürmte erregt in dessen Büro und wollte sich mit dem unbotmäßigen Kritiker duellieren. Aber dieser verweigerte sich. Er wollte weder für ein seinem Ermessen nach misslungenes philosophisches Werk noch für eine belanglose Kritik sterben.

Hume trat in den Dienst eines exzentrischen Fürsten und wirkte als Hauslehrer. Er konnte sich in ausreichendem Maße eigenen Studien widmen. Der geistig zusehends verfallende Adlige bedurfte nicht der ständigen Gesellschaft eines Philosophen. Humes Gehalt wurde gekürzt. Schließlich beendete er das Dienstverhältnis. Von nun an betätigte sich David Hume als Essayist. Er äußerte sich sporadisch zu Themen aus dem Bereich der Politik, der Ökonomie und der Ästhetik. Die schriftstellerische Tätigkeit ließ ihn allmählich von seinen schweren Depressionen genesen. Hume war ein hagerer, asketischer Jüngling gewesen. Nun zeigte er zunehmend Züge körperlicher Robustheit. In der 1748 veröffentlichten Abhandlung „Untersuchung über den menschlichen Verstand" empfahl er ein geselliges Leben: „Unzugängliche Gedanken und tiefbohrende Forschungen untersage ich; ihre strenge Strafe sei grübelnde Schwermut, zu der sie dich führen, endlose Ungewissheit, in die sie dich verstricken, und die kalte Aufnahme, welche die Mitteilung deiner angeblichen Entdeckungen erfahren wird."

David Hume wurde Diplomat und verbrachte einige Jahre in Frankreich. An der Seite hoher Offiziere bereiste er den Kontinent. Er verkehrte an den Höfen von Wien und Turin. Die gezierten Umgangsformen betrachtete er humorvoll, wusste sich aber durch souveränes Auftreten und politisches Geschick großen Respekt bei den Engländern zu erwerben. Der temperamentvolle, wenngleich affektbeherrschte Philosoph galt als amüsanter Gesellschafter, der, wie er selbst bemerkte, über keinerlei Feinde verfügte – von den Whigs, den Tories und den Christen einmal abgesehen. Die Ruhe des skeptischen Gemüts war hart errungen. Nicht Apathie, sondern eine distanzierte Unbekümmertheit, die Taktgefühl, Charme, Sympathie, gelassene Heiterkeit und die Anteilnahme am Schicksal der Mitmenschen einschloss, zeichnete diese Haltung aus.

1751 publizierte David Hume die „Prinzipien der Moral", eine im Grunde konventionelle Schrift zur Ethik, in welcher er verschiedene Formen moralischen Verhaltens beschreibt, eine starre, auf Prinzipien gegründete Lehre zurückweist und eine Art freundliche Anweisung zu einem Leben als Gentleman liefert. Auch plädiert er für eine moderat utilitaristische Moralphilosophie. Beim ethischen Handeln soll man den konkreten Nutzen der Tat stets beachten. Letztlich preist er die Vorzüge jener Haltung, der er sich selbst verpflichtet weiß: „Die unerschütterliche philosophische Ruhe triumphiert über Schmerzen, Leid, Angst und alle widrigen Schicksalsschläge. Im Bewusstsein seiner Tugend, so sagen die Philosophen, erhebt sich der Weise über alles, was ihm im Leben widerfährt. Sicher im Tempel der Weisheit wohnend, blickt er herab auf die Menschen niederer Art, die nach Ehre, Reichtum, gutem Ruf und allen nichtigen Genüssen hasten und jagen." In der „Liebe zum Ruhm" erkennt er die Triebfeder der menschlichen Natur, die „die moralischen Gefühle ganz erheblich verstärkt, mit unumschränkter Gewalt in allen edlen Gemütern herrscht und oft das höchste Ziel aller ihrer Anschläge und Unternehmungen bildet".

Das Ziel der Moralphilosophie ist die Gewöhnung des Menschen an das sittliche Gute, so dass sich ein jeder in Anbetracht der „Hässlichkeit des Lasters" für die „Schönheit der Tugend" entscheidet. Die „Sympathie mit dem Glück der Menschheit" und der „Unwille über ihr Unglück" verbinden alle Menschen miteinander. Die „Sympathie" verknüpft zudem gefühlsbestimmtes Tun und vernünftige Reflexion. Sie vermag der Maßstab und der Antrieb des moralischen Handelns zu sein. Mittels der Vernunft treffen wir moralische Unterscheidungen. Dieses Vermögen genügt für das Urteil, aber nicht für das Handeln. Um die Wahrheit kann gerungen werden, nicht aber um die Neigung: „Was in der Welt der Dinge existiert, ist der Maßstab für unser Urteilen, was jeder im eigenen Busen empfindet, ist der Maßstab für das Gefühl." Die Vernunft bestimmt Hume als unveränderliche Größe, auch für den Schöpfer der Welt, das Empfinden hingegen beschreibt er als individuell und durch diese Qualität dem „höchsten Willen" entsprechend. Hume lehnt zugleich eine Verbindung von Theologie und Philosophie ab, die als rigorose Ethik zu einem kompromisslosen Dogmatismus führt, der Vernunftgründe und moralisches Empfinden außer Acht lässt.

David Hume geriet mehrfach in Konflikt mit der anglikanischen Kirche. Er verfasste ein umfangreiches geschichtliches Werk, die „History of England", deren erster Band 1754 erschien, und legte Aberglauben und Schwärmerei des Katholizismus wie des Protestantismus gleichermaßen offen dar. Zwei Geistliche rühmten Humes Werk, der Primas von England und der Primas von Irland, ansonsten erfuhr sein Werk eine radikale Missbilligung von kirchlicher Seite. Die philosophische Skepsis gegen den absoluten Anspruch der Religion in Fragen der Moral, der entschlossene Widerspruch gegen die scholastische Metaphysik und vielfältige Einwände gegen den Wunderglauben trugen David Hume vielfältige Kritik ein. Am Veto der Kirche scheiterten Berufungen auf einen Lehrstuhl für Philosophie. Die 1757 und 1759 publizierten Folgebände der „History" sicherten ihm die für ein Gelehrtendasein unabdingliche finanzielle Unabhängigkeit.

Den ontologischen Gottesbeweis der rationalistisch-neuzeitlichen Metaphysik, der von der Vorstellung eines höchsten Wesens auf dessen notwendige Existenz schließt, beurteilt Hume schon in seinem ersten „Traktat" skeptisch. Descartes' Annahme einer „angeborenen Vorstellung" von einer ersten Ursache, die vor aller Erfahrung besteht, lehnt er als rein spekulativ ab – zumal weder der Glaube noch die Vorstellung, dass ein Gegenstand existiert, Neues zu dem Gegenstand hinzufügen, als auch durch eine einfache Vorstellung von diesem ausgesagt ist. Eine logische Prüfung des ontologischen Arguments führt zu der Einsicht, dass dieser Gott nicht ein Gott des Glaubens, sondern ein Gott der Philosophen, ein Produkt der reinen Vernunft ist: „Jene Philosophen müssten, nachdem sie zu dem Schluss gelangt sind, die Materie könne mit keinem wirkenden Prinzip ausgestattet sein, weil es unmöglich sei, ein solches Prinzip in ihr zu entdecken, durch den nämlichen Gedankengang dazu geführt werden, ein solches Prinzip auch von dem höchsten Wesen auszuschließen." Dass alles Existierende nur durch den Willen des Schöpfers besteht und von ihm abhängig ist, spricht nicht für dessen Weisheit und Voraussicht. Dieser Gott hat vielmehr ein höchst unvollkommenes Weltgebäude geschaffen, statt eines solchen, das von Anfang an durch eigene Wirksamkeit dem Plan der Vorsehung gerecht würde.

Die Frage nach der Rechtfertigung Gottes angesichts des Übels in der Welt – das Problem der Theodizee – ist durch die ontologische Beweisführung nicht befriedigend gelöst. Die behauptete Existenz eines allwissenden, allmächtigen und allgütigen Gottes steht zu dem konkret erfahrenen Leid, das durch die Einbettung in ein sinnerfülltes Ganzes nicht erträglicher wird, in schroffem Widerspruch. Dies illustrieren die von Epikur aufgeworfenen, von Laktanz erneut benannten Fragen über den Schöpfer der Welt, die David Hume in seinem Werk „Dialoge über natürliche Religion" zitiert: „Will er Übel verhüten und kann nicht? Dann ist er ohnmächtig. Kann er und will nicht? Dann ist er übelwollend. Will er und kann er? Woher dann das Übel?" Das anscheinend – nach menschlichem Ermessen – sinnlos zugelassene Leid ist mit den Prädikaten der Güte und Gerechtigkeit unvereinbar. Die Wirklichkeit der Menschenwelt zeigt einerseits, dass etwas Unvollkommenes wie die auf utilitaristische Prinzipien gegründete Ordnung es nicht verdient, derart geschützt zu werden, andererseits erweist sie sich als nicht so einfach strukturiert, dass die Zuweisung von Gnade und Verdammnis leicht möglich wäre: „Wenn jemand in der Absicht die Welt durchwandern sollte, den Rechtschaffenen eine gute Mahlzeit und den Bösen eine ordentliche Tracht Prügel zu geben, so würde ihm die Wahl häufig schwer fallen und er würde feststellen, dass Verdienst und Schuld der meisten Männer und Frauen kaum groß genug sind, um weder das eine noch das andere zu rechtfertigen."

Dieser Gott als Inbegriff aller Prädikate ist Hume zufolge nichts anderes als eine Erweiterung menschlicher Eigenschaften über menschliches Maß hinaus. Die Annahme, Gott verfüge über menschliche Affekte, erscheint ebenso absurd wie der seitens der Kirche geforderte Glaube, dass der „freieste Gebrauch unserer Vernunft" das Seelenheil gefährde, welcher mit der Forderung, philosophische Argumente zurückzuziehen, sofern sie eine Gefahr für Religion und Sittlichkeit darstellen, verknüpft wird und allein dem Machterhalt dient: „Eine solche Ansicht schließt zugleich eine Absurdität und einen Widerspruch ein. Es ist eine Absurdität zu glauben, dass die Gottheit menschliche Affekte hat und dazu einen der niedrigsten menschlichen Affekte, ein rastloses Verlangen nach Beifall. Es ist ein Widerspruch zu glauben, dass, wenn die Gottheit einmal diesen menschlichen Affekt hat, sie nicht auch andere hat; insbesondere Gleichgültigkeit gegen die Meinungen von so tief unter ihr stehenden Geschöpfen."

Humes Kritik richtet sich gegen die noch immer an den Universitäten gelehrte scholastische Philosophie, die er als „Blendwerk und Täuschung" bezeichnet. Die Auseinandersetzung mit ihr ist ein Kampf gegen die „Fiktion von Substanzen und Akzidenzien, die Spekulationen über substanzielle Formen und verborgene Eigenschaften". Hier dient die Philosophie der Theologie noch immer als Magd, um die Widersprüche des spekulativen Denkens zu verschleiern, das zwar eine gewisse innere Folgerichtigkeit besitzt, der kritischen Prüfung durch die Vernunft aber nicht standhält. Die Scholastik würde innerhalb der Grenzen bloßer Vernunft „zu einfach und alltäglich erscheinen". In ihren Wortspielen will sie die Gläubigen das Staunen vor „vorgetäuschtem Geheimnisvollen" lehren, um „ihrem Verlangen nach einer Gelegenheit, ihre rebellische Vernunft dem Glauben an die unbegreiflichsten Sophismen zu unterwerfen, eine Grundlage des Verdienstes" zu bieten und ist doch, wie die Metaphysik, nicht mehr als das „Ergebnis fruchtloser Anstrengungen der menschlichen Eitelkeit, welche in Gegenstände dringen möchte, die dem Verstand unzugänglich sind" oder das „listige Werk des Volksaberglaubens, welcher auf offenem Plane sich nicht verteidigen kann und hinter diesem verstrickenden Gestrüpp Schutz und Deckung für seine Schwäche sucht, verjagt vom freien Felde, flieht dieser Räuber in den Wald und liegt auf der Lauer, um in den unbewachten Zugang des Geistes einzubrechen und ihn durch religiöse Ängste und Vorurteile zu überwältigen". Die „profane Vernunft" erweist sich allzu oft als ohnmächtig.

Nicht anders verhält es sich mit dem Wunderglauben. Durch die Schilderung von scheinbar Übernatürlichem ziehen religiöse Schwärmer, zu denen Hume auch protestantische Gemeinschaften wie die Quäker und Presbyterianer zählt, Gläubige mit „großartigen, doch verworrenen Vorstellungen" in den Bann und versetzen sie in einen Taumel andächtigen Entzückens. Der Schwärmer fühlt sich als „inspirierte Person", bald selbst als „auserwählter Liebling der Götter", dessen „Wahngebilde" für wahr gehalten werden. Viele Menschen folgen blindlings einem solchen Führer. Der nüchterne Hinweis auf die diesen Anschauungen entgegenstehenden Vernunftgründe wird von den Überzeugten unter Preisgabe ihrer Urteilskraft kategorisch zurückgewiesen, da „ihre geregelte Tätigkeit durch Affekte und die erhitzte Einbildungskraft gestört" ist: „Die Leichtgläubigkeit steigert hier die Unverschämtheit, und die Unverschämtheit überwältigt die Leichtgläubigkeit." Nach der Schwärmerei bleibt nur mehr der kindliche Gehorsam vor den nicht legitimierten Autoritäten in Fragen der Moral und Lebensführung.

Der Aberglaube ist freilich keine auf die Religion beschränkte Besonderheit. Auch Philosophen, die offenbar im „Rate der Götter" Einsicht in das „Schicksalsbuch" nehmen durften, maßen sich Kenntnisse über ein vergangenes oder künftiges „goldenes Zeitalter" an. Nicht nur der Widersprüchlichkeit wegen – die einen beschreiben dies goldene Zeitalter als paradiesischen Zustand vollendeter Harmonie, die anderen als Naturzustand, in dem Gewalt und Rechtlosigkeit herrschen – kritisiert Hume eine solche Form des Aberglaubens. Diese Vorstellungen entstammen nicht einer kritischen Philosophie, welche als „Gegengift" nüchtern alle Schwärmerei entlarven soll, sondern einer blühenden Fantasie, welche die Lebensführung des Menschen beeinträchtigt, statt mäßigend auf sie einzuwirken.

Hume kritisiert am „Mummenschanz" religiöser Rituale, insbesondere am Zeremoniell und an vielen Vorschriften sowie Erscheinungsformen des römischen Katholizismus, den der Philosoph zudem wegen der unheilvollen Verbindung von weltlicher und geistlicher Macht tadelt, dass etwa rigorose Fastenzeiten oder eine asketische Lebensweise nicht Sanftmut, Wohlwollen und Tugend befördern, sondern nur „verhasst und lästig" sind. Die anscheinend unüberbrückbare Distanz zwischen Gott und den Menschen, die als verdorben und verächtlich geschildert werden, kann einzig, so schreibt Hume ironisch, da der Sünder unwürdig ist, vor Gott zu treten, durch die Vermittlung einer dritten Partei (Priestern, Heiligen, Engeln oder Kirchenvätern) überwunden werden, „deren heiliges Leben oder vielleicht Unverschämtheit und Verschlagenheit dazu geführt hat, dass man von ihr glaubt, sie erfreue sich eines größeren Wohlwollens der Gottheit". 1757 wurde die religionskritische Schrift „Die Naturgeschichte der Religion" publiziert, vom Jahr 1761 an sind Humes Schriften auf dem Index des Heiligen Offiziums verzeichnet.

Da die Religion ein allen Völkern und Kulturen geläufiges Phänomen ist, vermutet der Philosoph, dass ein Grund für dieses metaphysische Bedürfnis in der Vernunft, ein weiterer in der menschlichen Natur liegt, die sich aus Furcht vor unerklärlichem Leid, der Unverhältnismäßigkeit von Überfluss und Mangel und den nicht beherrschbaren Mächten der Welt einer geheimnisvollen, unsichtbaren Macht anvertraut: „Wir sind in diese Welt gesetzt wie in ein großes Theater, wo uns die wahren Quellen und Ursachen jedes Ereignisses vollkommen verborgen bleiben. Wir sind weder weise genug, die Übel, die uns belästigen, vorherzusehen, noch haben wir genügend Macht, ihnen vorzubeugen."

Die älteste Form der Religion, der Polytheismus, ist für David Hume zugleich die vollkommenste, denn ihr ist der Gedanke der Toleranz, welcher sich im monotheistischen Christentum erst durch den Geist des Humanismus gegen den Widerstand der Pietisten durchgesetzt hat, eigentümlich. Die Wohlgeordnetheit der Welt erlaubt Rückschlüsse auf einen Schöpfer: „Alles in der Welt ist ganz offensichtlich aus einem Guss. Alles ist mit allem abgestimmt. Ein Zweck herrscht durch das Ganze." Den Monotheismus kennzeichnet die Paradoxie, dass alles rational gegen ihn sprechende von den Gläubigen zugunsten eines höheren Wesens ausgelegt wird, während der Polytheismus – und mit ihm der Theismus – mit dem gesunden Menschenverstand vereinbar ist, da dieser keine metaphysische Vermutung zugrunde legt, sondern durch die Erfahrung, die mittels der Analogie in der Natur auf die Gottheit schließen will, gestützt wird. Dies hat Konsequenzen für die Frage nach der Unsterblichkeit der Seele: „Wenn wir dem gewöhnlichen Naturablauf gemäß schließen und kein neues Eingreifen der höchsten Ursache annehmen, das in der Philosophie niemals zugelassen werden sollte, so ist das, was unvergänglich ist, auch unerzeugbar. Folglich existierte die Seele, wenn sie unsterblich ist, vor unserer Geburt. Und wenn uns diese frühere Existenz nichts anging, so wird es auch die spätere nicht tun." Über die physische Analogie in der Natur lässt sich die Unsterblichkeit der Seele nicht beweisen: „Nichts ist ewig in dieser Welt. Alles, wie beständig es auch scheinen mag, ist in beständigem Fluss und Wechsel. Die Welt selbst zeigt Symptome von Schwäche und Auflösung. Wie entgegen aller Analogie ist es daher, sich einzubilden, dass eine einzige Art, die anscheinend schwächste von allen und den größten Störungen unterworfene, unsterblich und unauflöslich sei?"

Alles, was der menschlichen Neigung entspricht, wozu der tröstliche Glaube an die Unsterblichkeit der Seele zählt, alles, was irrationale Hoffnungen und Ängste verursacht, wird von Hume skeptisch beurteilt. Der Analogieschluss über die Natur, der Verweis von der Wohlgeordnetheit der Welt auf einen möglichen Schöpfer derselben, hat nicht die Kraft eines Beweises. Hierin zeigt sich lediglich eine spezifisch menschliche Betrachtungsweise der Dinge. Die christliche Religion ist auf den Glauben, nicht auf die Vernunft gegründet. David Hume beteuert seine Rechtgläubigkeit und versichert, dass allein der christliche Glaube aus der „göttlichen Offenbarung" sich mit einer „neuen Art Logik" über alles erhebe. Vom Offenbarungsglauben distanziert sich der Philosoph ausdrücklich erst in seinem 1779, also postum veröffentlichten Werk „Dialoge über natürliche Religion".

1769 beendete David Hume seine Tätigkeit als Unterstaats-
sekretär in London. Er wollte die letzten Jahre seines Lebens in
Ruhe und philosophischer Kontemplation zubringen. Der Philosoph kehrte in seine schottische Heimat zurück. Er schreibt an
einen Freund: „Ich hatte niemals einen großen Ehrgeiz, ich meine nach Macht und Würden; und ich bin von dem wenigen, das
ich hatte, aufrichtig kuriert. Ich glaube, dass ein offener Kamin
und ein Buch für mein Alter und meine Disposition die besten
Dinge in der Welt sind." Auch die Liebe zur Wissenschaft sei zu
begrenzen, da sie zu Einsamkeit und Schwermut führe. Hume
liebte die Geselligkeit und lebte nach der Maxime: „Sei ein Philosoph; aber inmitten all deiner Philosophie bleibe Mensch!" Den
Tod erwartete er in Gelassenheit. Es sei vergeblich, sich gegen
die Vergänglichkeit zu sträuben, erzählte er seinem Freund und
Mitphilosophen Adam Smith. Er wisse nicht, mit welchen Gründen er Charon, den Fährmann des Hades, um Aufschub bitten
solle: „Nach einigem Nachdenken dachte ich, ich könnte zu ihm
sagen: ‚Guter Charon, ich war dabei, meine Werke für eine neue
Ausgabe zu berichtigen. Lass mir ein wenig Zeit, damit ich sehen kann, wie das Publikum die Änderungen aufnimmt.' Aber
Charon würde antworten: ‚Wenn du die Wirkungen von diesen
gesehen hast, so wirst du weitere Änderungen machen wollen.
Dieser Entschuldigungen wird kein Ende sein; also, guter Freund,
steig bitte ins Boot.' Aber ich könnte weiter drängen: ‚Hab ein
wenig Geduld, guter Charon, ich habe mich immer darum bemüht, dem Publikum die Augen zu öffnen. Wenn ich ein paar
Jahre länger lebte, so hätte ich vielleicht die Genugtuung, einige
der herrschenden Systeme des Aberglaubens zusammenbrechen
zu sehen.' Aber Charon würde dann Geduld und Anstand verlieren: ‚Du saumseliger Gauner, das wird in hunderten von Jahren nicht geschehen. Bildest du dir ein, ich werde dir Aufschub
für so lange Zeit gewähren? Steig in das Boot noch in diesem
Augenblick, du fauler, säumiger Schlingel!'"

David Hume beschreibt sich in seinem autobiografischen Rückblick „Mein Leben" als einen selbstbeherrschten und sanftmütigen Philanthropen, den weder die Torheit der Welt noch Misserfolge haben resignieren lassen und der auch nichts von dem entbehren musste, was das Leben angenehm und lebenswert erscheinen lässt. Er starb am 25. August 1776. Mit der Publikation der brisanten Schriften „Über den Selbstmord" und „Über die Unsterblichkeit der Seele" hatte er bis zuletzt gezögert, so wichtig ihm die Abhandlungen auch waren. Sie wurden erst nach seinem Tod veröffentlicht.

1778 erschienen die bereits erwähnten „Dialoge über die natürliche Religion". In einem philosophischen Gespräch unterhalten sich Demea, ein religiöser Dogmatiker, Philo, ein radikaler Skeptiker, und Cleanthes, ein gemäßigter Zweifler, über die natürliche Religion. Ein rigider Dogmatismus wie ein radikaler Skeptizismus werden abgelehnt. Die Existenz Gottes kann weder aus reiner Vernunft noch aus der Erfahrung bewiesen werden. Die apriorischen Beweise sind in sich widersprüchlich. Etwas, das zwar als existierend, aber mit gleicher Berechtigung auch als nicht existierend vorgestellt wird, kann nicht mit Notwendigkeit existieren. Es gelte, mit maßvoller Skepsis „abstruse, abliegende und spitzfindige Beweise zu verwerfen" und mit dem gesunden Menschenverstand den „deutlichen Antrieben der Natur zu folgen und überall dort seine Zustimmung zu geben, wo ein Beweisgrund mit solcher Stärke einwirkt, dass man sich seiner nicht ohne die größte Gewalt erwehren kann". Jedoch bleibt auch, wie in den früheren Schriften bemerkt, der Analogieschluss über die Ordnung und Zweckmäßigkeit in der Natur lediglich eine Mutmaßung. Die Religion bietet dem Menschen eine Zuflucht aus dem Elend der Welt und aus den Nöten des eigenen Daseins. Sie dient, recht verstanden und praktiziert, der Sittlichkeit. Daher soll aus dem berechtigten „Eifer gegen falsche Religion" die gewünschte „Verehrung für die wahre" nicht untergraben werden. Cleanthes sieht einen erzieherischen Effekt. Die Aufgabe der Religion ist ethischer Art. Sie vermag das „Herz des Menschen" zu leiten. Als „selbstständiges Prinzip" wird sie zum „Deckmantel für Parteiung und Ehrgeiz". Also soll die Religion das Verhalten der Menschen untereinander „menschlich machen, den Geist der Mäßigung, der Ordnung und des Gehorsams einflößen; und da sie in der Stille wirkt und bloß die Antriebe der Sittlichkeit und Gerechtigkeit verstärkt, so ist sie in Gefahr, übersehen und mit anderen Antrieben verwechselt zu werden". Humes Dialog mündet in eine Schlussbemerkung, in welcher auch sein Ringen mit dem christlichen Glauben Widerhall findet: „Philosophischer Skeptiker zu sein ist bei einem Gelehrten der erste und wesentlichste Schritt auf dem Weg zu einem echten gläubigen Christen."

David Hume versuchte, den verführerischen und gefährlichen Zauber religiöser Schwärmerei und der geistigen Enge philosophisch verbrämter Borniertheit zu bannen, den „metaphysischen Kauderwelsch" zu entlarven, der dem „Volksaberglauben" das „Ansehen von Wissenschaft und Weisheit" verleiht. Immanuel Kant brachte dem englischen Empiristen große Wertschätzung entgegen. Er schreibt 1783 in den „Prolegomena" zu einer neuen Metaphysik: „Ich gestehe frei: Die Erinnerung des David Hume war eben dasjenige, was mir vor vielen Jahren zuerst den dogmatischen Schlummer unterbrach, und meinen Untersuchungen im Felde der spekulativen Philosophie eine ganz andre Richtung gab." Den Bruch mit der rationalistischen Metaphysik der Neuzeit hatte der englische Empirist bereits vollzogen. Die systematische Durchdringung und Ausarbeitung blieb Kant vorbehalten. Dem Wegbereiter David Hume erbrachte der Philosoph aus Königsberg seinen aufrichtig empfundenen Dank. Damit bekundete er zugleich, dass Hume durch sein Werk zum Philosophieren anzuregen wusste und andere zu ermutigen verstand, neue Wege philosophischen Denkens zu beschreiten. Das Tor zur

kritischen Philosophie hatte Kant auch dank der Hilfe David Humes geöffnet, für sich selbst und für alle Menschen, die das Philosophieren zu lernen beginnen.

Literaturverzeichnis

Die von mir verwendeten Zitate sind um der besseren Lesbarkeit willen in der Regel der derzeit gültigen, mehrfach reformierten neuen deutschen Rechtschreibung angepasst.

Alle Leserinnen und Leser, die sich eingehend mit der Philosophie der Neuzeit beschäftigen möchten, seien zum Selbststudium der klassischen Texte jener Zeit ermuntert. Besonders empfehle ich einführende Darstellungen. Um zu einem adäquaten Verständnis der Philosophie dieser Zeit zu gelangen, ist es ratsam, sich zunächst mit den bekanntesten Denkern zu beschäftigen. Insbesondere zur Philosophie von René Descartes, Baruch de Spinoza und Gottfried Wilhelm Leibniz finden sich zahlreiche gut lesbare Einführungen. In gleicher Weise gilt dies für die Philosophen des englischen Empirismus. Die jeweils verwendeten Zitate sind den unten stehenden Werken entnommen. Textpassagen aus den Hauptwerken der Philosophen habe ich teilweise selbst übersetzt.

Aus dem reichhaltigen Schrifttum zu dieser Epoche der Philosophiegeschichte habe ich eine Liste einiger Werke, die ich bei der Abfassung dieser Darstellung zu Rate gezogen habe, zusammengestellt. Diese Angaben mögen all jenen Leserinnen und Lesern dienlich sein, die sich mit der Philosophie der Neuzeit vertieft beschäftigen möchten.

I. Primärliteratur

BACON, FRANCIS: Neues Organ der Wissenschaften. Übers. v. A. Th. Brück. Leipzig 1830. Nachdruck Darmstadt 1962.

– The Works of Francis Bacon. Collected and edited by J. Spedding, R. L. Ellis, and D. D. Heath. 14 Bde. London 1858–78. Nachdruck Stuttgart/Bad Cannstatt 1963.

BERKELEY, GEORGE: The Works of George Berkeley, Bishop of Cloyne. Ed. by A. A. Luce and T. E. Jessop. 9 Bde. London/Edinburgh 1949–57.

– Eine Abhandlung über die Prinzipien der menschlichen Erkenntnis. Nach der Übers. v. F. Ueberweg, mit Einl., Anm. u. Registern neu hrsg. v. A. Klemmt. Hamburg 1957.

BOVILLUS, CAROLUS: Quae in hoc volumine continentur: Liber de intellectu. Liber de sensisbus. Liber de generatione. Libellus de nihilo. Ars oppositorum. Liber de sapiente. Liber de duodecim numeris. Philosophicae epistolae. Liber de perfectis numeris. Libellus de mathematicis rosis. Liber de mathematicis corporibus. Libellus de mathematicis supplementis. Paris 1510. Nachdruck Stuttgart/Bad Cannstatt 1970.

BRUNO GIORDANO: Von der Ursache, dem Prinzip und dem Einen. Übers. v. A. Lasson. Mit einer Einl. v. W. Beierwaltes. Hrsg. v. P. R. Blum. Hamburg 1977.

DESCARTES, RENÉ: Discours de la Méthode pour bien conduire sa raison et chercher la vérité dans les sciences / Bericht über die Methode, die Vernunft richtig zu führen und die Wahrheit in den Wissenschaften zu erforschen. Frz.-dt. Übers. u. hrsg. v. H. Ostwald. Stuttgart 2001.

– Meditationen über die Erste Philosophie. Übers. u. hrsg. v. G. Schmidt. Stuttgart 1971.

– Prinzipien der Philosophie. Übers. u. erl. v. A. Buchenau. Hamburg 1965.

– Die Leidenschaften der Seele. Franz.-dt. Hamburg 1984.

Ficino, Marsilio: Opera omnia. 2 Bde. Basel 1576. Nachdruck mit Bibl. u. Einl. von P. O. Kristeller. Turin 1959–1960.

– Traktate zur Platonischen Theologie. Lat.-dt. Übers. u. erl. v. Elisabeth Blum u. a. Berlin 1993.

Hobbes, Thomas: Vom Menschen / Vom Bürger. Elemente der Philosophie II/III. Eingel. u. hrsg. v. G. Gawlick. 3., verbesserte Aufl. Hamburg 1994.

– Leviathan oder Stoff, Form und Gewalt eines bürgerlichen und kirchlichen Staates. Hrsg. u. eingel. v. I. Fetscher. Übers. v. W. Euchner. Neuwied/Berlin 1966. Neudr. mit Nachtr. zur Einl. u. Bibliogr. Frankfurt a. M. 1984.

– The English Works of Thomas Hobbes of Malmesbury. Hrsg. v. W. Molesworth. 11 Bde. London 1839–45. Nachdruck Aalen 1962.

Hume, David: The Philosophical Works of David Hume. Ed. by T. H. Green and T. H. Grose. 4 Bde. London 1874/75. Nachdruck Aalen 1964.

– Untersuchung über die Prinzipien der Moral. Übers. v. C. Winckler. Hamburg 1982.

– Dialoge über natürliche Religion. Hamburg 1968.

Leibniz, Gottfried Wilhelm: Generales Inquisitiones / Allgemeine Untersuchung über die Analyse der Begriffe und Wahrheiten. Hrsg. v. F. Schupp. Hamburg 1982.

– Monadologie und andere metaphysische Schriften. Hrsg. v. U. J. Schneider. Hamburg 2002.

– Philosophische Schriften. Hg. v. W. v. Engelhardt / H. H. Holz. 5 Bde. in 7 Teilen. Wiesbaden/Darmstadt 1959 ff.

– Die Theodizee. Hrsg. v. A. Buchenau. Leipzig 1925. Neuausgabe Hamburg 1996.

– Hauptschriften zur Grundlegung der Philosophie. Übers. v. A. Buchenau. Hrsg. v. E. Cassirer. 2 Bde. Leipzig 1904/06. Neuausgabe Hamburg 1996.

– Die Hauptwerke. Übers. u. hrsg. v. G. Krüger. 5. Aufl. Stuttgart 1976.
– Vernunftprinzipien der Natur und der Gnade / Monadologie. Frz.-dt. Übers. v. A. Buchenau. Mit Einf. u. Anm. hrsg. v. H. Herring. Hamburg 1958.
– Neue Abhandlungen über den menschlichen Verstand. Hrsg. v. E. Cassirer. Leipzig 1915. Nachdruck Hamburg 1996.
– Prinzipien der Philosophie. Übers. u. erl. v. A. Buchenau. Hamburg 1965.

LOCKE, JOHN: Zwei Abhandlungen über die Regierung. Hrsg. u. eingel. v. W. Euchner. Frankfurt a. M. 1967.
– The Works of John Locke. A new edition, corrected. 10 Bde. London 1823. Nachdruck Aalen 1963.
– Über den menschlichen Verstand. Nachdr. der Neubearbeitung der Ausg. v. C. Winckler (1911–13). Hamburg 1976.

MACHIAVELLI, NICCOLÒ: Gesammelte Schriften in 5 Bänden. Hrsg. v. H. Floerke. München 1925.

MALEBRANCHE, NICOLAS: Von der Erforschung der Wahrheit. Erstes Buch. Übers. u. hrsg. v. A. Buchenau. München 1914.

PASCAL, BLAISE: Über die Religion und über einige andere Gegenstände (Pensées). Übertr. u. hrsg. v. E. Wasmuth. 9. Aufl. Darmstadt 1994.

PICO DELLA MIRANDOLA, GIOVANNI: Über die Würde des Menschen. A. d. Neulateinischen übertr. v. H. W. Rüssel. Mit d. Lebensbeschreibung Picos von Thomas Morus (1510). 3. Aufl. Zürich 1992.

SPINOZA, BENEDICTUS: Sämtliche Werke in sieben Bänden und einem Erg.-Band. Hamburg 1965–1982.

II. Sekundärliteratur

ANTES, MONIKA: Die Kurtisane Tullia d'Aragona. M. d. ital. Originaltext Della infinità d'amore. Würzburg 2006.

BUSCHE, HUBERTUS: Leibniz' Weg ins perspektivische Universum. Eine Harmonie im Zeitalter der Berechnung. Hamburg 1997.

BREDEKAMP, HORST: Die Fenster der Monade. Gottfried Wilhelm Leibniz' Theater der Natur und Kunst. Berlin 2004.

CASSIRER, ERNST: Leibniz' System in seinen wissenschaftlichen Grundlagen. Marburg 1902. Neuausgabe Darmstadt 1962.

– Die Philosophie der Aufklärung. Tübingen 1932.

– Individuum und Kosmos in der Philosophie der Renaissance. Leipzig 1927.

CRAIG, EDWARD: David Hume. Eine Einführung in seine Philosophie. Frankfurt a. M. 1979.

DELEUZE, GILLES: Spinoza. Praktische Philosophie. Berlin 1988.

EUCHNER, WALTER: Naturrecht und Politik bei John Locke. 2. Aufl. Frankfurt a. M. 1979.

HEINEKAMP, ALBERT: Das Problem des Guten bei Leibniz. Bonn 1969.

HEINEKAMP / FRANZ SCHUPP (HRSG.): Leibniz' Logik und Metaphysik. Darmstadt 1988.

HIRSCH, EIKE CHRISTIAN: Der berühmte Herr Leibniz. Eine Biographie. München 2000.

JASPERS, KARL: Spinoza. München 1978.

KERSTING, WOLFGANG: Thomas Hobbes zur Einführung. Hamburg 1992.

– Niccolò Machiavelli. München 1988.

KIRCHHOFF, JOCHEN: Giordano Bruno. Reinbek bei Hamburg 1980.

KROHN, WOLFGANG: Francis Bacon. München 1987.

KOYRÉ, ALEXANDRE: Descartes und die Scholastik (1923). Nachdruck Darmstadt 1971.

KRISTELLER, PAUL OSKAR: Acht Philosophen der italienischen Renaissance. Weinheim 1986.

– Die Philosophie des Marsilio Ficino. Frankfurt a. M. 1972.

KULENKAMPFF, AREND: George Berkeley. München 1987.

KULENKAMPFF, JENS: David Hume. München 1989.

LUTZ, BERND (HRSG.): Metzler-Philosophen-Lexikon. 300 biogr.-werkgeschichtl. Portr. v. d. Vorsokratikern bis zu d. Neuen Philosophen. Stuttgart 1989.

LÜTHE, RUDOLF: David Hume. Historiker und Philosoph. Freiburg/München 1991.

MÜNKLER, HERFRIED: Thomas Hobbes. 2., vollständig überarb. Aufl. Frankfurt/New York 2001.

POSER, HANS: Gottfried Wilhelm Leibniz zur Einführung. Hamburg 2005.

RÖD, WOLFGANG: Der Weg der Philosophie. Bd. II: 17. bis 20. Jahrhundert. München 1996.

– Descartes. Die Genese des Cartesianischen Rationalismus. 3., erg. Aufl. München 1995.

– Die Philosophie der Neuzeit 1. Von Francis Bacon bis Spinoza. München 1978.

– Die Philosophie der Neuzeit 2. Von Newton bis Rousseau. München 1984.

RODIS-LEWIS, GENEVIEVE: Malebranche. Paris 1963.

SCHELSKY, HELMUT: Thomas Hobbes. Eine politische Lehre. Berlin 1981.

STERNBERGER, DOLF: Machiavellis Principe und der Begriff des Politischen. Wiesbaden 1974.

STRAUSS, LEO: Naturrecht und Geschichte. Stuttgart 1956.

– Hobbes' politische Wissenschaft. Neuwied/Berlin 1965.

STREMINGER, GERHARD: Hume. Hamburg 1986.

VRIES, THEUN DE: Spinoza. Reinbek bei Hamburg 1970.

WALTHER, MANFRED: Metaphysik als Anti-Theologie. Die Philosophie Spinozas im Zusammenhang der religionsphilosophischen Problematik. Hamburg 1971.

WEISS, ULRICH: Das philosophische System von Thomas Hobbes. Stuttgart/Bad Cannstatt 1980.

WIEMANN, FRANZ: Baruch de Spinoza. Eine Hinführung. Würzburg 1982.

WILLMS, BERNARD: Die Antwort des Leviathan. Th. Hobbes' politische Theorie. Neuwied/Berlin 1970.

– Thomas Hobbes. Das Reich des Leviathan. München/Zürich 1987.

Dank sage ich, in treuer Freundschaft und tiefer Verbundenheit, Herrn Prof. Dr. Gerd-Günther Grau, der auch meine Studien zur Philosophie der Neuzeit begleitet hat. Für vielerlei Hilfe und wichtige Hinweise danke ich von ganzem Herzen Kinga Golus M.A., Holger Müller M.A. und meinen Eltern.

Philosophie und Ethik

Thorsten Paprotny
Kurze Geschichte der antiken Philosophie
Band 5286
„Erkenne dich selbst!" Die alltagspraktische Weisheit der antiken
Philosophie – spannend bis heute.

Thorsten Paprotny
Kurze Geschichte der mittelalterlichen Philosophie
Band 5777
Mit Augustinus endet die antike Philosophie, und es beginnt eine Reise
von der Schule von Chartres über Thomas von Aquin oder die Scholastik
bis hin zum Nominalismus und der Mystik eines Meister Eckhart oder
einer Hildegard von Bingen. Fragen, die bis heute die philosophischen und
theologischen Debatten bestimmen.

Thorsten Paprotny
Kurze Geschichte der Philosophie der Aufkärung
Band 5557
Auf den Spuren Kants, Herders und Hegels bis hin zu Kierkegaard und Marx.
Die Geschichte eines Denkens, das bis in unsere Gegenwart wirkt.

Regina Ammicht Quinn
Glück – der Ernst des Lebens?
Band 5652
Ein eigener Zugang zur Geschichte der Suche nach dem Glück und seinen
existenziellen Möglichkeiten in Zeiten, in denen nichts mehr sicher scheint.

Hans-Peter Dürr / Marianne Oesterreicher
Wir erleben mehr als wir begreifen
Band 5904
Die spannende Auseinandersetzung des mit dem Alternativen Nobelpreis
ausgezeichneten Naturwissenschaftlers mit Religion, Identitätssuche,
aber auch mit Fragen der Ökologie und der gesellschaftlichen Entwicklung.

HERDER spektrum